語りかける山

飯田年穂

駿河台出版社

シャモニ針峰群とモンブラン

ルソー像

村の教会とドリュ

モンブランを見あげる初登頂者のソシュールとバルマ

シャモニ針峰群の夕焼け

ガストン・レビュファの墓

エドワード・ウィンパーの墓

ダン・デュ・ジェアンをバックにシャモニ針峰群を登る著者

目　次

まえがき

「山が笑う」

あるとき、山の本を読んでいて、こんな言葉をみつけました。

山が笑うなんて、ずいぶん面白い表現だなとおもいながら、では、どんな様子が「笑う」のだろうかと想像してみたのです。

最初に頭に浮かんだのは、やはり愉快な仲間が集まってバカなことでも言い合いながら、大笑いをしているシーンでした。ならば、山も、そんな賑やかな表情、ということは、花も咲きそろい、活力に満ちあふれて、山いっぱいに楽しさを競い合っているような光景です。

季節で言えば、夏かな？　そんな気がしました。

ちょっと調べておこうと考えて、インターネットで検索してみると、すぐに出てきました。もともとは、中国からきた言葉だったのです。

「春山淡冶にして笑うが如し」

書いたのは、山水画家の郭熙［かくき］という人です。北宋八代皇帝の徽宗（1082–1135年）の時代、宮廷が収蔵していた歴代の絵画を整理して解説した目録「宣和画譜」という本が編纂されたのですが、その中にある文章だそうで、この本じたい、絵画の歴史では重要なものとされていました。そして、季節は春なのです。「淡冶」も、「あっさりとして美しい」の意味で、冬から目覚めた山がようやく芽吹きはじめた、新緑に色づく頃の様子を表したものでした。

そうなると、その笑いも、想像したような大笑いではなく、もっと静かでやさしい笑い、それこそ、心の底から喜びがにじみ出てきて、顔一面に微笑みが広がるような輝くさまを思い浮かべればよいのでしょうか。破顔一笑、山水画の世界なのですから、きっと仙人や賢人たちの趣き深い笑顔が、これにあたるのかもしれません。

そうわかってみると、新緑に笑う春の山のたたずまいが、いっそう心に沁みいるような和やかさを見せていることに気づくのです。そのあとでは、山がさらに装いを増しながら華やぐ夏へと、季節が移っていきます。

こうして、季節の山は、それぞれの姿で私たちの前に現れてきます。そして、さまざまな言葉でわたしたちに語りかけてくるのです。聞きすませば、限りない自然の声が聞こえてくるはずです。

こうして語りかけてくる山にむかって、わたしたちのほうでも、いろいろなしかたで語りかけています。たとえば、日本には古くから信仰登山のような慣習があって、神々との触れ合いを山に求めて登っていました。ところが、西洋の場合には、山を悪魔の棲みかとして恐れ、そこに近づくことさえ禁じられていたのです。それが、ようやく近代になると、山はスポーツの対象とされ、困難な登攀に挑戦するための場に変わります。

現代のわたしたちであれば、ハードな究極のアルピニズムから、健康維持のための低山ハイキングまで、さまざまに山を楽しんでいます。岩壁のクライミング、雲上のスカイラインをたどっての縦走もあれば、百名山達成のためのピークハント、花との出逢いに慰められる山歩き、静寂の中で自分を見つめ瞑想にふける山の散策など、楽しみ方は人それぞれです。そして、これらの一つひとつが、山との語り合いにほかなりません。

このような山との語り合いの軌跡を、わたしたちは、これまでに書き残されてきた古今東西の山の文学のなかにたどることができるでしょう。山から届けられる言葉が無限であるように、それに答える人の言葉もまた多様です。それが、山の文学の尽きせぬ豊かさをつくりだしています。そうした山の本を読むことは、山に登るわたしたちにとって、山登りそのものに負けないくらい大きな歓びになっているといえるのです。

そこで、季節をめぐりながら、山と山の文学を旅する心の愉しみを味わってみたくなりました。こうして、まずは、山の本をひもといてみます。以前に読んだことのある本もあれば、新しく手にとった本もあります。いずれにしても、そこには、山と人の声が行き交う限りない言葉の世界がありました。

読んでいるとたまらなく心が浮き立ってくるのがわかるのです。そして、山に行きたくなります。山を歩いていると、今度は、本のことが想い出されてきてなりません。本は山を恋しくさせ、山は本にいざなうものなのでしょう。

そうして、山の本の著者たちとの語り合いに、わたし自身も参加してみたのが本書です。巻末に、その相手になってもらった著者を紹介しておきましたので、ご覧になって下さい。また、自分でも読んでみようと思われた場合の参考になるように、本のリストも加えてあります。

山の本と連れだっての山登り。これは、じっさいに自然のなかを歩きに出かけることでもあれば、家のなかで、本の文章のなかに稜線をたどることでもあって、山と本がふたつながらに楽しみの場をもたらしてくれます。そして、そこには、自然のたたずまいとともに、それに重なって、山と共に生きる人々が創り上げた文化の情景が広がっていきます。それらに想いを寄せながら、語りかける声に耳をかたむけていると、いつしか、また新たな旅立ちへの予感にときめきだして、笑みがこぼれてくるのでした。

サンライズ・サンセット

陽がまた昇る。年の初めのサンライズ。

一月は祝祭の季節。また、お正月がきた。そんな、何とはなしの感慨をもって、元旦の朝を迎える。

お正月は毎年繰り返される恒例行事の代表で、正月は毎年来るものだと当たり前のように思ってはいても、やはりそれは、あらたまった嬉しさなのだ。また無事に正月を迎えられたという安堵感と、また物事が新しく始まるというウキウキした高揚感、それらがないまぜになって心の中で蠢《うごめ》いている。

そんな心持ちを、ぼくたちは〝めでたさ〟と呼ぶ。

御来光

お正月のめでたさを表すものに、初日の出がある。そもそも日の出自体が、一日の開始を告げるめでたいものだが、とりわけ、初日の出は、新しい一年の始まりだから、いっそうめでたい。日の出を愛でることは、山登りをする人たちのあいだでは御来光といわれて親しまれている。元旦の御来光は格別で、めでたさも、またひとしおだ。神秘的な自然を舞台に、新しき年が誕生する神々しい光景に立ち会う。そして、新しくされた命の息吹を皆がでわかち合う喜び。日本人の心に深く根ざした原始的な感動を呼び起こす。

夜明け前に頂上に上がり、凛《りん》として張りつめた闇の静寂のなかで光の訪れを待つ。すると、暁の予感と共に、あたりの輪郭がしだいに形を現わしてくる。その彼方に広がる雲海の果てが白んできたように見える。とおもえば、ポッと赤みがさして、サッと、そこから一条の金色の矢が放たれる。次の瞬間、燃えたつ陽のかたまりの先端が出現する。射し込む輝きのなかで、ぼくたちの身体も曙光を浴びて、赤く映えている。ほとばしる歓喜のように上昇していく光の大円。その中で、いずまいをただし手をあわせる人たち。

俳人荻原井泉水が、富士山頂での希望に満ちた光景を描いている。(『山水巡礼』)

曉紅《モルゲンレーテ》！　朝の始まる前の先触として、かんがりとぼかし染にせられる水平の赤さは、こうした高みから眺める時に、ただに美しいばかりでなく、地上の物の一切の希望を語っているような純潔な尊さが、にじみ出ている。「ああ、じきに御来迎だ。――」そういう言葉が口々に伝えられて、室の中にいた者も皆外に出た。大分明るくなった岩の上には霜が置かれていた。其を踏んで寒そうな緊張した顔が並んだ。

地平線の赤さは、うっすりと吸いとられて、雲ではないが、或る神聖なものの誕生を包んでいる幕のような霞が、つやつやしい光を帯びてきた。――つと、一点の輝いた朱の色が、鋭い刃物で突破った皮膚から滴る血のように、霞の幕を押分けた、と思う間に、その朱の一点が見る見る拡がって麗しい太陽の姿となった。刹那、新しい光線は地上、又天上に漲って来た。其の第一の光線が、驀地《まっしぐら》に届いたのは、此の頂上に立並んでいる私達の瞳であった。

モンブランのサンセット

日本の日の出に対して、ヨーロッパだと、日の入りのほうが好まれているのは面白い。

「アルプス登山史は、アルプス美の鑑賞のために『日没時』という特別の場が設定されたことを教えている」と、田口二郎は『東西登山史考』に書いている。そして「登山家L・スティーブンは日没時の山を味わい、書くために、ただそのために、モンブランの頂上で一夜を過ごして凍傷にかかった」という。

レスリー・スティーブンとは、創成期のイギリスの山岳界では先輩格にあたる人で、アルプスに多くの足跡を残したが、優れた文学者でもあった。娘さんも、バージニア・ウルフの名前で有名な女流文学者だ。文学的血の濃さを思わせるが、スティーブンの書いた『ヨーロッパのプレイグラウンド』は、アルピニズム文学の傑作の一つに数えられる。

スティーヴンにとって、山は、ただ登るだけでなく、その美しさを味わい、自然との共感を経験するための場でもあった。しかし、夕日を眺める目的のためにモンブランに登ろうというのは、当時としてはずいぶんと大胆な企てだった。その次第が、「モンブランのサンセット」という一章につづられている。

一八七三年の八月六日の早朝、シャモニを出発。まだロープウェイなどない頃のこととて、町から頂上まで標高差三八〇〇メートルをすべて歩き通さなくてはならない。夕日の時刻にあわせて頂上に到着。いよいよ、天空に映し出される巨大なスライド・ショウの始まりだ。

日没の一時間前に頂上に到達したので、壮大なショウを見物するための準備をする時間はじゅうぶんあった。気持ちを引き締め、観察力を目覚めさせる。開演の用意も整っている。今日まで、果てしなく繰り返されてきたリハーサル。素晴らしいショウが見られるだろう。何百万年もの間、日が輝き、スライドが映された。だが、それを見る目も、拍手する手もなかった。

［…］

いよいよ神秘的なショウが始まる。観客はわれわれしかいない。太陽のすぐ下に細長く漂う妙なる雲が、しだいに虹色の色彩を帯びてきた。果てしない水平線のあたりに、かすかな霧が立ちこめている。ただ、残念ながら、アルプスの夕日で時に見られるような、この上なく豪勢な色彩効果を生み出すほどに厚くはなかった。……西に長く連なる山並みは、日がその後方に傾くにつれて、均一の色合いの中に溶け込んでいく。その山襞のあいだから、レマン湖が、突然、淡い黄色にライトアップされて輝き出した。東側に横たわる谷間が徐々に夕闇に沈んでいくにしたがい、青っぽい薄もやに包まれる。そして、あいだに聳える山のスカイラインが、いよいよくっきりと描き出されてくる。この上なく繊細な物質でできた微妙な色の液体が、壮大な山麓に拡がる土地を浸していくようだ。そんな黄昏時《たそがれ》のおぼろな佇《たたず》まいの上に、雪に覆われた高山の頂が、つぎからつぎとバラ色に輝き、松明のように燃え上がる。

このあとも、詳細な描写はつづいていく。日没の色鮮やかな光の反対側では、モノトーンの夕闇が迫っている。その中に、突如出現するモンブランの巨大な影。その暗黒のピラミッドが、南側のアオスタの谷間に描き出される。三角錐の頂点のところに、「不思議なパースペクティブの効果によって、闇の光線が集まってくる」と、それが《反―太陽》となって東の夕空に現れ、「そこからは、光ではなく、深い暗闇が射し込んでいた」という。その《反―太陽》が、しだいに上昇していく。まさに、暗黒のサンライズ。

そして、それがショウの終演だった。

この超自然的なオブジェは地上を越えて、天球の絶頂にまで昇りつめてしまうかとさえ思われた。しかし、山々の大軍団の上空に残っていた明るみは急速に衰え、まわりの雪も、アルプスの日の入り後にはいつもそうなるように、いっぺんに鈍色《にび》の色合いに沈んでしまった。そして、一瞬にして、モンブランの影は、一面の闇の中に見えなくなった。

スティーブンにやや遅れて登場したクライマーに、アルフレッド・ママリーがいるが、彼はスポーツ的なクライミングの可能性を徹底的に追求した人だった。「たとえ眺めるべき景色がなくとも、わたしは登る」という言葉は、その性格をよく表しているが、そのママリーでさえ「あの麗しい日没、魔法でもかけられたように霧があたりに立ちこめ、崩れ落ちそうなセラックのごつごつした尖塔のあいまで戯れる残光の幻想」の効果を「夜が谷間のねぐらから起きだしてくる」時刻に眺める喜びを語り、イギリス人らしい皮肉なユーモアをこめて、こう告白する。(『アルプス・コーカサス登攀記』)

もしも身体やそれ以外の障害のため登れなくなったり、あるいは、いつの日か時代の進展によって、天使の翼とか何かそんな装置ができるとかして、岩登りをしようなどと思うこと自体が遠い過去のうちに忘れ去られてしまったとしても、それでもわたしは、落日の黄金の輝きと夕霧の静寂に誘い寄せられ、高嶺の雪の間をさまよい歩くのをやめはしまい。

紫の帯がたなびいて

サンセット礼讃の例としてもう一人登場してもらおう。

オラス＝ベネディクト・ド＝ソシュール。モンブランに最初に登った、というより〝登らせた〟人物で、ヨーロッパ登山史のなかでは有名人に数えられる。ジュネーブ出身の科学者だが、彼がモンブランに登らせたとは、こういうことだった。

まだ二十歳代の頃だ。幼い頃からジュネーブの街の彼方に白く輝くモンブランを眺めて育ったソシュールは、次第にモンブランの頂を極めたいという夢を抱くようになる。ただ、彼みずから登路を拓くことはとうてい無理な話で、夢はつのるばかり。そこで一案を思いつく。自分の代わりに登頂のルートを見つけてくれたなら多額の賞金を出すといって、モンブランの麓シャモニの村人たちに呼びかけたのだ。

その結果、ジャック・バルマとミシェル＝ガブリエル・パカールが、見事、初登頂に成功した。バルマは村の水晶採り、パカールはお医者さんをしていた。一七八六年のことで、こうして賞金をエサにモンブランに二人を登らせたソシュール自身も、あくる年、バルマらにガイドされてモンブランの頂に立った。

ソシュールは、このような高山の登山を行なった最初のヨーロッパ人の一人だが、同時に、それまで未知だった山岳の美しさを最初に発見した人でもあった。たとえば、科学実験をする目的で、モンブランのエギーユ・デュ・グーテ側、現在はモンブランの一般ルートの基地の一つになっているテート・ルース小屋付近に登った時のことだ。

見晴しのよい場所を探して、そこに実験装置をセットする。早速予定していた実験・観測に取りかかる。だが、その日はどうも調子がよくなかった。気象条件が悪かったのかもしれない。あれこれ試してみたのだが、どうもうまくいかない。たいした成果も挙げられないうちに、すっかり時間がたち、気がつくともう夕方になっていた。

疲れた目をあげ、周囲に展開する広大な景観に視線を向けてみる。その前に、思いがけず荘厳な日没のスペクタクルが繰り広げられたのだ。

その感動を、『アルプス紀行』にこう書き残している。

実験は仕方あるまい、次の機会にまわすとしよう。しかし、その時に見た夕ぐれの美しさ、日没が描き出す光景ほど素晴らしいものはなかった。実験の不調でがっかりしていたのが、お蔭で、すっかり慰められる気持ちになれた。夕ぐれ時に発生する水蒸気は繊細な薄絹のようで、そのために、眼下に見える果てしない広がりは半ば覆い隠され、陽光もぎらつきが抑えられている。そして、東側の水平線のあたりに、このうえなく美しい紫色の帯がたなびいていた。……紫の帯は、水蒸気が凝縮の度を加えながら麓へと下るにしたがって細くなり、色彩の度合いも強くなっていく。そしてついには、真っ赤な血の色に染まったかと思うと、その瞬間、かの光の帯の上に立ち昇っていた細かな雲が、強烈な光線を放って、煌《きら》めく星かと、いや、むしろ灼熱にやける隕石かと見まがうばかりだった。

ここで、ソシュールの目を特に惹きつけていている「このうえなく美しい紫色の帯」とは、まさしくモンブランでのサンセット見物に出かけたスティーブンがぜひ見たいと楽しみにしていた、夕ぐれ時の「霧」により「アルプスの夕日で時に見られるような、この上なく豪勢な色彩効果」のことではないか。あの時、スティーブンは、その霧がじゅうぶんな色彩効果を生み出すほどに厚くはなかったために、期待していたような光景が現れなかったと残念がっていたのだった。ということは、つまり、二人が見たがっていた日没の美しさとは、同じ種類のものだったことがわかるだろう。

その日のソシュールは、そこで一晩を過ごした。そして、翌日には日の出を見にいく。夜が明けそめる時間を見計らい、前日と同じ観測場所まで上がってきて待ちうける。そうして眺めたアルプスの日の出。しかし、彼の眼に「日の出の光景は、あいかわらず美しいものだったが、しかし、日没のユニークな眺めにはとてもかなわない」と映った。その理由は、「水蒸気がじゅうぶん凝縮していないため、水平線のところにできる光の帯がそれほどはっきりとしたものにならないし、色彩も鮮やかでない」からだと説明している。

妖しの夕霧

こうした風景鑑賞の態度は、ソシュールにかぎったことではない。スティーブンにしてもママリーにしても、もう一度彼らが書いたものを読んでみよう。すると、やはり視線が集中しているのは同じように「光」だったことがわかるだろう。日没の光が繰り広げる束の間のスペクタクル。そこに現れる色彩のコンポジション、形態の変化、視覚的効果といったものに、感嘆の声をあげている。

それと、もう一つ大事なファクターになっているのが〝霧〟だ。日没時の光の効果を生み出す媒体として、霧のはたす役割は欠かせない。ママリーの巧みな表現を借りていえば、魔法でもかけられたような霧が立ちこめるなかで戯れる残光の幻想こそが、アルパイン・サンセットの美の極致なのだ。

実は、この霧だが、ヨーロッパの表象文化の伝統では、かなり特別な意味を与えられている。中世以来のヨーロッパの人たちが馴染んでいたキリスト教的世界観では、この世界は神が創ったものだから、すべて秩序ある均整のとれた美しいものであるはずだと考えられていた。にもかかわらず、世界のところどころに、その秩序を壊すような乱雑さや不均衡が存在する。それは、悪や罪のためなのだ。地形の面でも、本来なら幾何学的な図形のように整っていなければならないのに、凸凹や歪みなどの無秩序が生じてしまった。そうした変形の最たるもの、したがってもっとも罪深いものが、山だとされた。つまり、山とは悪魔の棲み家にほかならないということだ。

そんな世界の中では、善なる神に対抗する悪がいろいろな姿で登場してくるが、霧もそうした悪の象徴に数えられていた。

神が住まうのは、洋の東西を問わず、天上ときまっている。だから、〝天〟は〝聖〟なる場所であり、神の国を表現している。その天と結びついているのが、まずは〝光〟だが、〝雲〟も天上的な聖のイメージをもつものとされた。天高くただよう雲は、天の神のそばにあって、神の乗り物や道具になったりもする。東洋でも、仙人が雲に乗って現れるのはよくある場面だし、孫悟空はキント雲をあやつって空を飛ぶ。雲をよい意味をもったシンボルとする見方は、だれにもわかりやすい。

それに対して、霧は、反対に地上から湧き上がってくるものであることから、地上の罪や悪と結びついたイメージをもつ。霧があるところは悪魔の領域と見なされ、霧の向こうに控えているのは、地獄の闇だ。霧は、それを覆い隠すベールであって、人々に禍いを予感させ、恐怖を呼び覚ますものなのだ。

山では、夕霧がしばしば発生する。その霧が夕日を受けると、さまざまな色彩効果が生み出される。それが、スティーブンたちの描写しようとしていた光のスペクタクルなのだが、すると霧と夕日の幻想とは、光が織りなす色彩の美であると同時に、そこには、象徴的な意味を孕んだ妖気なイメージの効果がそなわっている。

あたりに闇の気配がただよいはじめる、ちょうど昼と夜の境い目の時間帯。日本文化研究者の松岡正剛氏は《たそがれ》の刻限について、こんなことを書いている。(『花鳥風月の科学』)

夕方という時間には重要な意味があります。夕方は「たそがれ」(誰そ彼)といって、人々の顔がふうっと見えなくなるトワイライトな刻限です。このとき人々の精神は一気に高揚する。ピュアになる。これを「大禍時《おおまがとき》」ともいいました。そういう刻限に辻や巷に出て言霊を聞くというのは、つまり「隠れた次元」の見えない情報を聞くという意味です。

これは「道」というテーマで、古来、道が精霊の行き交うコースと考えられ、特に「辻」や「巷」は言霊の力がつよく働く場所になっていたことに関連して述べたものだが、アルプスの高山は、まさに魑魅魍魎《ちみもうりょう》の跋扈《ばっこ》する場と見なされていたのだから、この指摘はそのままアルプスにも当てはまるといってよいだろう。

夜は、恐怖の時間だ。暮れなずむ夕べの佇《たたず》まいに、不吉な霧のおおいが立ちこめて、光と闇、聖と凶、パラダイスと地獄とがせめぎあう、妖しい逢魔《おうま》が時の夢幻の世界が映し出される。そこには、昼の陽光のもとでは影に潜んでいた異界の存在たちが蠢《うごめ》きはじめ、その世界に彷徨いこんだアルピニストは、そんな妖しの気配に、「隠れた次元」の情報を受信しようと耳をすませるのだ。いっけん科学的な観察記録のようなタッチで書かれていた文章も、実は、こうしたシンボリックなイマジネーションの働きを包み込んでいた。

風景美の誕生

かつての悪魔や魔物が棲むとされていた山には、人は近づくことはできなかった。楽しみのために山に登るなんていう発想は、もちろんない。しかし、近代科学の発達とともに世界の見方も次第に変化し、山を悪魔の棲み家とするような考え方は、迷信的なものとして否定されるようになる。山の自然現象を科学的な観察眼によって捉えようとした人たちが、最初のアルプスの発見者になった。彼らは山の構造を調べ、気圧や大気の状態を測定し、動植物の生態を調査して、自然現象としての景色の仕組みを解明しようとした。それによって、以前は魔術的な不可思議として恐怖を掻き立てていた山の現象も、科学による解明が可能になり、すべて合理的に説明されていく。
憧れのモンブラン頂上からの眺望に接したときのソシュールの感慨にも、科学者的な側面がよく表現されている。(『アルプス紀行』)

眼下に、壮大な高嶺が連なっている。その構造こそ、わたしがずっと長い間知りたいと願っていたものだ。それを見に、ここまでやってきたのだ。今、それが素晴しく明瞭に見て取れる。ミディ、アルジャンティエール、ジェアンなど、わたしには麓に近よることさえ難しく危険であった壮大な頂き、恐るべき針の峰が、自分の足もとにあるのを見下ろしたとき、まるで夢かと、わが眼が信じられない気持ちだった。ついにわたしは、それらの関係、繋がり、構造が把握できるようになり、それまでの長年の研究によってでも解明できなかったさまざまの疑問が、すべてを一目で見渡せたことによって、いっきに取り除かれた。

スティーブンにも、似たような記述がある。(『ヨーロッパのプレイグラウンド』)

まるでヨーロッパ全体を、ロッテルダムからヴェニスまで、バルナからマルセイユまで、すべてを眼下に支配しているような気分だ。そんな気持ちになるのも、広大な地形の詳細な部分が実際どれほどの大きさをもっているか、それをはっきりと見て取ることができるからだ。普通わたしたちが頂上に着く午頃だと、こんなに細かいところまでは見えない。というのも、景観のいちばん優れた部分が太陽との間に入ってしまうからだ。しかし夕日の光のなかでは、稜線、ピーク、氷河の一つ一つが驚くほど明確な輪郭を伴って立ち現われてくる。

人の目に幻想的と映る自然美が、どのような科学的メカニズムで造りだされているのかを明らかにすることをとおして、そこに、新たな風景鑑賞のための視座が設定されていることがわかるだろう。

近代以前のヨーロッパには、一般的にいって自然の景色を眺めて楽しむような感性が育ってはいなかった。ましてや、山岳美などとは、山が醜悪さの象徴であった以上、言語矛盾でしかない。それが、現実に山に登り、山の自然を知るようになると、人々はそこで出逢う自然の景観に無感動ではいられなかった。それは、新たな美の発見だった。忌まわしい魔界のごとく考えられていた山岳が、未知なる美の世界に転換する。そこから、神話的な世界観をしりぞけた近代人の美意識が生まれ、風景美が形成されたのだ。

このようなヨーロッパ近代の美意識というものは、ずいぶん日本的な感性とは異なっている。彼らのような科学的合理性にのっとって景色を鑑賞する態度は、理屈としてはわかるにせよ、実際、それで感動できるかとなると、やはり違和感があるのではないか。日本人が御来光に感動するのは、昇りくる太陽そのものが神と映り、そこに命の甦りが証しされていると感じるからにほかなるまい。それ自体、ことさら説明など必要としない感情だ。御来光は、感じとられた体験の事実として、めでたい命の甦りに立ち会う歓びをもたらす。日々の、そして歳々の命の再生を信じて祈る心が、そこにはある。

それは、西洋的な合理性の基準にてらせば、非合理以外の何ものでもない。だが、人間の考えだした科学の合理性を超えた感動こそが山の魅力だというしかないと、日本人なら考えるだろう。神格化された太陽にむかって手を合わせるのは、科学とか迷信とかのレベルの問題ではなく、人間の力では解きあかすことのできない神秘に触れた時の、科学の言葉では表現しつくせない率直な感情の表現になっているからだ。

ただ、ヨーロッパの人たちにしても、何がなんでも科学ですべて割り切ってしまうつもりだったわけではない。そもそも、彼らには無気味で、いかがわしくて、合理性のかけらもない、呪われた存在だった山。そんな、およそ美とは縁遠いところに、思いがけず山岳美などという未知の美が見つかってしまった。さて、どうするか！　問題はその素性だ。山という汚れを見逃すことは許されない。それが、悪魔のさしがねでもなく魔女の呪術でもないことを身元調査したうえでなければ、受け入れるわけにはいかない。まずは、科学のお祓いを受けさせる必要があった、ということなのだ。

科学によって、山の〝悪魔祓い〟が行なわれた。その結果、晴れて山岳美も美の仲間入りが許され、自然の猛威、怪異な現象、荒廃した廃虚などの中から呼び覚まされる崇高、畏怖、驚愕、眈異といった感情を要素にふくむ幻想絵画的な美のかたちが成立する。当時の人たちは、それを《ピクチャレスク》と分類して、それまでの理性的で幾何学的な調和を基礎とした古典美と区別したが、実際、このことは《風景美》の誕生として、ヨーロッパの美意識の歴史の中では、けっこうエポックメイキングな出来事と見なされるものだった。

山頂をあとに

こうした経緯があるから、山には、どこか妖しい雰囲気がつきまとっている。そんなピクチャレスクな幻想絵画の山岳シーンが、人々を惹きつけ愛好者を増やしていった。日没のファンタジックな光景は、そうした近代ヨーロッパの新奇な感性にマッチするものだったといえるだろう。しかし、岩と氷に覆われたアルプスの嶺は、たとえ前近代的な悪魔の呪いが解かれたあとでも、そうかんたんに誰でも登れるものではない。そのピークに近づけるのは、アルピニストと呼ばれる少数者に限られていた。アルプスのサンセットは、彼らのみ見ることが許される特権的なイベントだった。

落日のファンタジーは、地上と切り離された高みに遊ぶアルピニストの想いをつよく揺さぶり、下界の俗を超えた崇高な美の秘密を解き明かす。しかし、それは束の間のことでしかない。早くも、一日が終わろうとしている。それは、おのれの終末にむかって歩き続けることを余儀なくされた、人間の消息を知らされるひと時でもあろう。

これ以上、山頂に留まっていることは許されない。夜の帳《とばり》が下りる前に、人はまた地上の生活に戻っていく。身を震わせて沈みゆく落日の光景は、地上の生活に引き戻される宿命に引き裂かれたアルピニストの心の揺らめきをも映し出している。

　モンブランの巨大な影が一瞬のうちに闇に沈み、サンセット・ショウの幕が下りた時、終演の暗がりの中、スティーヴンはこう言い残して山頂をあとにした。

　ショウは、そのクライマックスで、突如、終わりを告げた。さあ、観客には、ご退場願う時間だ。

高い山・深い山

二月、一年のうちで日本の山がもっとも雪に閉ざされる時期。真っ白に雪をかぶった冬山の佇《たたず》まいほど、山の奥深さをしみじみと感じさせるものはあるまい。隔絶した純白のふところに抱かれる登山者は、深く隠された別世界にあって、どこか母の胎内にも似た、秘めやかな場所に憩う安らぎで心が充たされる。

ヒマラヤ並み

日本の山登りの醍醐味をいちばん味わわせてくれるのも冬山だろう。日本の冬山の厳しさは、ヒマラヤ並みだと言われる。その原因は、ほとんど世界に類を見ないほどの冬の強い季節風と豪雪だ。気象条件によっては、秒速五〜六〇メートルの猛烈な風速になるという。こうした気象現象が起こるのは、専門の学者にきくと、主にヒマラヤとの関係だというから面白い。

『山の世界』という本の中で、地理学者の小泉武栄氏は「日本の山が冬場、極端な強風にさらされるのは、ヒマラヤの北と南を迂回してくるジェット気流が、ちょうど日本の上空で収斂するという、特殊な条件が存在するためである。だからもしヒマラヤがなかったとしたら、日本上空のジェット気流は弱まり、高山を吹き越す風も衰えて」しまうと述べている。気象学者の安成哲三氏も、遠くヒマラヤから、ヒマラヤ並みの冬が日本まではるばる運ばれてくることを説明し「チベット・ヒマラヤがなければそういう気候も存在しない」と指摘する。日本の冬山の厳しさとは、まさしくハンパでないことがわかる。

だが標高の点から見ると、日本の山は、高くても二〜三千メートル程度で、最高峰の富士山が三七七六メートル、ヒマラヤどころかヨーロッパ・アルプスと較べてもとても及ばない。そのせいで、これまたよく指摘されることだが、日本の山には氷河がない。いや、かつてはあったらしい。自然地理学者の小疇尚氏によると「日本でも、中部山岳や日高山脈、谷川岳などには氷期に形成された氷河地形が分布しており、最終氷期にはニュージーランドの現存氷河面積にほぼ匹敵する、約八百平方キロの氷河が存在したと推定されている」そうだ。しかし、緯度的関係でみると、日本列島は北緯三五度とかなり南に位置しているため、日本アルプスはヨーロッパ・アルプスに対して「緯度にして約十度、距離にすると千キロ」も南になる。そのため、現在では「ヨーロッパアルプスでは二千数百メートルの高度で現れる氷河は、日本の高山にはない」（小泉武栄氏）という結果になってしまう。やはり、高さが足りなかった。

フュノン・ガルウ

さて、この山の高さということだが、『広辞苑』の「山」の項には「平地よりも高く隆起した地塊」とあり、まさに地面より高くなっているところが山なのだ。だから、山が高いのは当然だが、では改めて、どのくらい高ければ山なのかと訊かれても、答に窮してしまう。そもそも、何メートルからが山で、それ以下は山ではないといった基準があるのだろうか。

『ウェールズの山』（原題は「丘を登って、山から下りてきたイングランド人」）というイギリス映画があった。そこでは、千フィート（約三〇五メートル）が山の基準になっていた。実話をもとにしたこの映画は、あるウェールズ地方の村が舞台だ。そこには、フュノン・ガルウという名前の《山》があった。第一次世界大戦が終わったばかりの一九一七年、戦争で荒廃した村に、二人のイングランド人がやってくる。蛇足かもしれないが、ぼくたちがふつうイギリスとしてイメージする《イギリス連合王国》はイングランド、スコットランド、北アイルランド、そしてウェールズの四つの《国》からなる連合体なのだ。このような形になるまでには複雑な歴史があって、実は、この映画のほんとうの面白さも、そのあたりの歴史事情に通じているほうが分かりやすくなるのだろう。でも、そんなことなしにも、じゅうぶん楽しめる映画であることにかわりはない。

やってきたイングランド人は、村びとから〝よそもの〟として扱われる。二人の仕事は測量士で、イギリスの地図作成に携わっている。彼らの目的はフュノン・ガルウを測量することだ。高さが三〇五メートル以上あることが確認されれば、イギリスの地図に《山》として記載されることになる。もし、それより低いと《丘》に格下げになり、地図には載せてもらえない。とたん、村は大騒ぎになる。さて、測量の結果はいかに。

二九九メートル。なんと六メートル足りなかったのだ。それを知って、村びとたちが計略をたくらむ。頂上部分に土を積み上げて、三〇五メートルにしてしまおうというのだ。老人から子どもまで村びと総出での、盛り土のバケツリレーが始まる。

映画のお終りでは、基準をパスし晴れてフュノン・ガルウは山として認定される。映画だから、この〝山づくり作戦〟とならんで、村娘と測量師の恋愛話なども絡んでくるのだが、やはりストーリーのポイントは、「自分らはウェールズ人であって、イングランド人の言うなりになどなるものか」という、イングランド人に対してウェールズ人が抱く《ウェールズ魂》のドラマが、山の高さをめぐって展開するところなのだ。
谷川稔氏がこの映画をかなり詳しく紹介しているので、それによって、いかにもイミシンなセリフを紹介してみよう。（『国民国家とナショナリズム』）

丘なのか、山なのか？　ウェールズではたいへんな問題だ。エジプトのピラミッド、ギリシアの神殿……。われわれに遺蹟はない。だが、山がある。山こそウェールズ人の魂だ。山があり、ウェールズが生まれた。もし山じゃないなら、地図の上でわれわれはイングランドの一部となってしまう。冗談じゃない！

［…］

一九一七年当時、人びとは敗北感に喘いでいた。……親友や息子や夫たちがつぎつぎと召集され、村の共同体は少しずつ崩れていった。『山』を失ったら、ドイツと戦った者になんていう? イングランド人に故郷の山を奪われたと? 村を引き裂き、山まで奪うつもりか。ウェールズ魂までも。

ウェールズもイングランドも、ぼくたち日本人にとっては同じイギリスと思われがちだが、ウェールズ人の側に、これほど強くイングランドとは別の《国民感情》が存在することに驚かざるをえない。そして、その象徴になっているのがフュノン・ガルウだった。ウェールズの魂を守るために、彼らの山を守ろうとする。それは、ウェールズ人にとっての富士山なのだ。ただ、高さは富士山の十分の一もないところが、かえって微笑ましい。

低さ日本一

こうしてみると、あまり低すぎると、山ではなくなってしまうようだ。

実際、山であるための高さの基準とは存在するものなのか。これについて、小疇尚氏が「何をもって山とするのか」をめぐる一般的な見解をまとめている。(『山の世界』

平地の彼方に山のある大陸では、低地より際立って高いという地形的特徴が第一に強調され、その程度を海抜高度や起伏、比高（山麓と山頂の高度差）、斜面の傾斜などの数値でとらえ、一定の基準で山を定義しようとする試みが多い。例えばイギリスでは海抜七百メートル以上が山で、それ未満が丘、フェアブリッジはそれを比高七百メートルとしている。プライスは合衆国を念頭において、比高三百メートル以上で、その多くが急斜面からなり、麓と頂で気候や分布する生物に違いがあるもの、と定義している。

これを見るかぎり、かなり厳しい条件が課せられているようにも感じられるが、それにもまちまちなところがあり、結局、現在の段階では、世界的に承認された基準は存在していない。小疇氏の指摘でも「山を単一の基準にしたがって定義するのは困難」なのだ。日本の場合、『日本山名事典』の解説によると「日本には何メートル以上が山であるとする基準はない。一般的には、地元で山名としている名称が国土地理院発行の地形図に記載されれば、山として認められたとしているようである。国土地理院は山名の認定機関ではないが、国発行の地形図に山名が記載されることで価値があると判断するのであろう」とあり、数値的な基準のないことが示されている。ひと言でいえば、国土地理院の地図で山の名前が付いていれば山だ、ということになる。まさにお役所まかせの決め方で、いかにも日本らしい。

ちなみに、ここで頼りにされている国土地理院は、以前「山の高さに関する懇談会」なるものを設置して、山、山頂、標高などの定義や基準について検討をさせたことがあった。その検討事項の一つに「山とは」という項目があって、その検討結果では「山とは、地表面が高く大きく盛り上がったものと考え、眺めた感じで一つの山の範囲を定める」となっている（国土地理院発行『日本の山岳標高一覧』）。眺めて山のように見えれば、それが山だという意味だから、これほど分かりやすい決め方はないだろう。要は、山に見えればいいのだ。

『日本山名事典』にはかなり詳細な「低山」のリストも挙げられているが、高さならぬ〝低さ競べ〟もなかなか熾烈なのだ。標高（というのもおこがましいようだが）十メートル未満の「超低山」は二〇〇三年時点で四座ある。もちろん国土地理院の地形図に記載があるもので、大阪市の天保山（四・五メートル）、仙台市の日和山（六メートル）、徳島市の弁天山（六・一メートル）、そして堺市の蘇鉄山（六・八メートル）。このうち天保山については、一九九四年に一度地形図から抹消されたが、その後「大阪での復活運動の結果」一九九六年に復活された。これらのどれもが〝日本一〟を銘打っている。なお三十メートル以下になると、六五座を数える。

高きが故に尊からず

こんなに低い山が存在するのも、日本人の山に対する愛着心のなせる業にほかなるまい。ぼくたちは、低かろうが高かろうが、やっぱり山が好きなのだ。身近に山があって欲しい。地面が高くなっていれば、それをつい山と呼んでしまうのが、ごく自然な心の動きだろう。あえて、丘と呼ぼうとはしないものだ。

ここで、話を高いほうに転じる。なんといっても、やはり高山に憧れる気持ちは強い。日本の山は三千メートル台が最高だが、全部で二一座ある。二二番目が剱岳。最近測量し直して、それまでより一メートル高くなり、現在は二九九九メートルのはずだ。国土地理院の一覧表では、二五〇〇メートル以上の山が特にリストアップされていて、これが高山の部類に入るという認識を示している。その数は一五一座だ。

世界を見ると、八千メートル一四座を誇るヒマラヤが断然群を抜いている。ヨーロッパ・アルプスはその半分で、最高峰モンブランが四八一〇メートル（一八六三年以来ずっと四八〇七メートルとされてきたが、二〇〇一年の測量で四八一〇・四〇メートルに訂正。それ以降、公式に二年おきに測量が実施され、そのつど修正されて、〇三年は四八〇八・四五、〇五年は四八〇八・七五、そして直近の〇七年が四八一〇・九〇）。独立した山名をもつ四千メートル峰の数は六〇くらいだが、これに対して、四千メートルのピークを数えると、国際登山協会連合の公認数で八二になる。たとえばグランド・ジョラスの場合、一つの山としては四二〇八メートルの標高が与えられるが、これは最高地点ウォーカー・ピークの高さだ。これ以外に、ウィンパー・ピーク、クロ・ピーク、マルグリット・ピーク、エレーヌ・ピークが頂上の形を形成するピークとされ、すべて四千メートル・ピークに含まれる。モンテ・ローザだと、もっと多くて九つもある。では、三千メートル級はどのくらいになるのだろうか。もう数えきれないらしく、ちなみに、スイスだけでも九八〇という数字が挙がっている。やはり、日本は高さでは勝負しないほうが無難だ。

ところで、深田久弥の『日本百名山』は、いちおう千五百メートルを基準にとっている。深田は、選定にあたっての「付加的条件として、大よそ千五百メートル以上という線を引いた。山高きをもって尊しとせずだが、ある程度の高さがなくては、私の指す山のカテゴリーには入らない」と書いている。ただ、なぜ千五百なのかについては特に説明はなく、その基準にみたない例外に、筑波山と開聞岳の二つが入っている。

この千五百メートルに対しては、早速、文庫本の「解説」を担当した今西錦司から、「一五〇〇メートル以上という規格を設けた深田百名山は、われわれ関西人からみると、結果として関東びいきということになっている」と、批判が出される。「一五〇〇メートル以上の山というのは、だいたい甲信越から関東周辺に蝟集《いしゅう》しているから」だそうだ。いかにも、今西らしい関西人の反骨精神の現れだろう。

ただ、山は高いだけがすべてではないという想いが、二人には共通してある。深田もふれていたが、日本では、古来から「山高きが故に尊からず」と言われている。これは、平安時代の書物『実語教』からとられた言葉だ。弘法大師が作者とも伝えられるが、確かなことは分からない。内容は儒教的な教訓を分かりやすく、いわゆる対句の口調で説いたもので、江戸時代になると、寺子屋の教科書「往来物」に使用され、当時の人たちの教養の基礎として普及したらしい。

これは、その冒頭の句だ。「山高きが故に尊からず、樹有るを以って尊しと為す。人肥えたる故に尊からず、智有るを以って尊しと為す」云々、と続く。

いわんとする意味は、要するに、見かけばかり立派ではダメで、中身が伴うことがカンジン、ということだろう。そうだとすると、二つのことがわかる。一つは、山は高ければ見かけは立派になる、ということ。もう一つは、山をほんとうに立派にする中身とは樹木だということ。豊かに樹木が生い茂る、鬱蒼たる深山が尊い山なのだ。

山は、人間に自然の恵みをもたらす豊穣のイメージと結びついている。山と共に生きる生活者としての視点から山を捉えているからで、日頃の生活にとってなくてはならぬ存在であり、生活を支える基盤の一部になっている。そこから、汲めども尽きぬ山の幸の豊かさを象徴する《奥深さ》が、価値のイメージとして形成される。それに対して、《高さ》は、人を拒絶する近寄り難さや尊大さのイメージとつながる。高い評価が与えられるのは、高い山よりも深い山のほうなのだ。

山くらべ

とはいいながら、やっぱり、山は高いほうが見かけはカッコいい。だからこそ、反対に、低くて見劣りのする山のほうを贔屓《ひいき》したくなる気持ちが働いたりもする。昔の人の話には、いわゆる〝山くらべ〟のたぐいがいろいろ残っているが、高い山よりも低い山の肩をもつ判官びいき的な筋書きが多い。

高い山と言えば、古来より富士山が代表だ。となると、くらべる相手には、いきおい富士山が選ばれることになる。深田も『日本百名山』で紹介している『常陸風土記』（吉野裕訳）に、筑波山と富士山にまつわる逸話がある。

昔、御祖《みおや》の神が所々の神の許《もと》を廻った際、日が暮れて富士山に着いた。宿を求めると、富士の神は物忌《ものいみ》のゆえをもって断わった。御祖の神は大へん怒って「今後お前のいる山は夏冬問わず雪や霜に閉じこめてやるぞ」と言い残して東の方へ行くと筑波山があった。そこの神はあたたかく迎え、食事の用意をして歓待した。御祖の神の喜びはこの上なく「そなたのいる山は日月と共に幸あれ。今後人々が集《つど》い登り、飲食の物も豊かに捧げるであろう。それが代々絶ゆることなく、千秋万歳、遊楽の窮まることを知らないだろう」とことほいだ。

四千メートルに届かんとする富士山と、千メートルにもみたない筑波山。なんとかして筑波山に勝たしてやろうとする依怙贔屓《えこひいき》がミエミエだが、高い富士山の冷淡さが非難されている。カッコよすぎて妬みをかってしまうわけだ。

同じような、各地の風土記や山の縁起を語る伝説などに伝わっている山くらべの話が、斎藤一男氏の『日本の名山を考える』に面白く紹介されている。九州の阿蘇山、伯耆の大山、出羽の鳥海山、加賀の白山、越中の立山などお馴染みの山ばかりだが、白山の例でも、やはり相手は富士山だ。さて、頂上のあいだに桶を渡して、そこに水を流してみた。すると、水は白山の方へ流れていった。富士山のほうが高かったのだ。こりゃたいへん！　これを見た白山側の人は大慌てで履いていた草鞋をぬぎ、それを白山側の桶の下に差し込んだ。こうして樋は平らになり、負けずにすんだというお話。めでたし、めでたし。それだから、白山に登る者は、今でも草鞋の片方をぬいで山上に置いて帰らねばならぬのだそうだ。

白山も二七〇二メートルと、日本の中では高山の仲間に入る。名前の通り雪をいただくその山頂が、富士山に負けないくらい高いはずと思われていたのは不思議ではない。その差がわらじの厚さだけというのも、ずいぶん強気の見積もりになっている。だが、それにしても、昔は測量技術もなく、正確な標高を知るのは不可能なはずだ。富士山と白山とで、ほんとうは富士山のほうが高いと、どうやってわかったのだろう。たしかに筑波山くらい差があれば、だれの目にも明らかだろうけれど、白山だと、ちょっと見た目には違いがわからないような気がする。

その白山は、立山とも背くらべをしていて、ここでは、やはり「草鞋一足分」の差で白山が勝っている。草鞋を小道具に使うのは、この地方共通のようだが、ほんとうは立山が三〇一五メートルで、こっちが高い。この程度の差では、見間違えても仕方あるまい。

ほかにも、背くらべをして負けた低いほうがくやしがる。怒って相手の頭を蹴飛ばして低くしてしまったなんていうのもある。結局は、みんな高さにはこだわっている。しかも、そのこだわりぶりはハンパでないが、どれも愛らしく、思わず苦笑をさそう。そんなところにも、古里の山に対する思い入れ、人と山との関係の親密さが現れている。

トンネルを越えると

豊かで親和的な山に囲まれている日本と較べると、ヨーロッパは状況がかなり違う。ヨーロッパで山があるのは、アルプスやピレネーなどごく一部の地域に限られている。日本のように、眼をあげればどこからでも自然に山が見えるということはなく、日常生活の中で、人と山とはあくまでも切り離された関係にある。

しかも、山が見えたとしても、その形や見かけがずいぶんと違う。要するに、それは、巨大な岩と氷の塊以外の何ものでもない。自然の優しさや豊かさを感じさせる日本の山とは、およそほど遠い形相《ぎょうそう》なのだ。

たとえばフランスを旅行をしていて、パリを出発、南下してリヨン方面を目指すとする。パリからほぼ五百キロ、リヨンまでの車窓に映るのは延々と続く平らな大地の長閑《のどか》な田園風景だ。ところが、リヨンを過ぎたあたりで、突如、様相が一転する。まるで列車強盗の襲撃みたいな唐突さで、山が現れ、目の前に立ちはだかってくるのだ。しかもその山たるや、ひん曲った鉄材もどきの岩が幾重にも積み重なり、白黒の縞模様をした巨大な産業廃棄物を彷彿《ほうふつ》とさせるといったら言い過ぎだろうか。これはプレアルプスと呼ばれる、アルプス本体の手前に位置する山塊の端の部分で、石灰岩の褶曲からなっている。高さは、高いところで二千メートルくらい。緑のたおやかな日本の山を見慣れた旅行者には、ほとんど不気味にさえ映るに違いない。

しかし、まだほんとうのアルプスの嶺は見えない。やっとアルプス最高峰のモンブランにまみえるのは、さらに三百キロほども先、いよいよシャモニに向けて最後の登りが始まる直前の町サランシュにさしかかった頃だ。サッと幕があいた舞台に登場する役者さながらに、純白の衣裳をまとったモンブランの艶姿《あで》がフルスクリーンで登場する。イヨォ、待ってました！　の一声。しかし、この顔見せもアッという間に終わり、再び周囲の山の奥に隠れてしまう。

トンネルを越えると、そこは氷と岩の世界だった。最初に視界に飛び込んでくるのが、モンブラン、その巨大な氷雪の斜面が、谷をめがけて氷河となって落ち込んでいる。わきには、シャモニ針峰群、天を衝く岩の尖塔が立ち並ぶ。

実際、先入見なしに眺めると、荒々しい岩と無気味な氷で構成されたアルプスの姿は、常識的な意味での美しさには当てはまらないものなのかもしれない。たとえば新田次郎は、憧れのヨーロッパ・アルプスを初めて目にした時の感想を、こんなふうに漏らしている。

(『アルプスの谷　アルプスの村』)

まずはシャモニ針峰群。

老いさらばえて、肉は落ち、骨だけをさらけだした山という生き物の姿を見せつけられたように無残な姿だった。……私が見たシャモニの山は、私が子供のころ寺の掛図にあった地獄図の針の山とそっくりだった。

アイガーも同じだ。

その巨大な山は地球の骨の露出部分だった。地球の骨格の一部が、太陽と風雪に磨かれて天に向って呪《のろ》いをあげているようだった。美しいというものではなく、取っつきがたい、天と地を隔離する無情な壁に見えた。

そしてマッターホルン。

マッターホルンの東壁が見え出してきた。絵や写真で見ていたマッターホルンに関する知識から、その部分が、東壁の一部であることはすぐわかったけれど、絵や写真で想像していたものとの相違は大きかった。美しいというものではなかった。ひどく、つめたい、大きな鉄のかたまりが雲の中に見え出したという感じだった。

新田次郎にとってのアルプスとは、まさに〝死んだ山〟だった。「山が死んで、野ざらしのまま、何万年か経過するうちに、皮も肉もなにもかも奪い去られて、あとに残った骸《がい》骨《こつ》」だ。それは生きた自然ではなく、すべての命が絶たれた自然の屍《しかばね》を思わせる。

そこに美しさはなく、あるのは「その高さだけ」だ。だから、こうしてアルプスの山々を見たあと、「私はこういう山は好きになれない」、そして「やはり私は日本の山がいい。……美しい生きた衣裳《いしょう》を着た日本の山の方がいい」と言うしかなかった。

高くて大きいだけの残骸を美しいと思わないのは、日本人だけではあるまい。かつてのヨーロッパの山びとたちが、アルプスの山を〝悪魔の棲み家〟と恐れたのも、こうした死せる自然に対する恐怖と結びついていたのではないだろうか。

アルプスにときめいて

ところが、そんな山が、それを登る対象として見つめるアルピニストの眼には、新たな装いをまとって現われてくる。その時、山の価値は逆転する。地上からの超越、隔絶した峻厳さが、アルピニストの心をときめかせ、山は神秘をたたえた崇高な存在となる。

八月のこの朝、ぼくはメール・ド・グラス氷河からやってきて、ジェアンのコルめざして登っていた。……ぼくの目は、このすばらしい光景をまだ見あきてはいなかった。視線は、入り乱れた針峰群を圧してひときわ高くそそり立つ、彼方の赤い大岩塔に惹きつけられたままだった。その垂直なラインは面くらわせるほど、あまりにも絶対的なものであり、その高所に自分がぶら下がっているのを想像しただけでも、目眩《めまい》を感じそうだった。

これは、イタリア最強のアルピニストと謳われたボナッティが、記念碑的な登攀を成功させたグラン・カピュサンに初めてまみえた時の心境を記した文章だ（『わが生涯の山々』）。彼は当時一九歳の若さ。その青年を魅了したのは、そそり立つ岩の圧倒的な高まり、垂直なライン、そして「目眩」だった。絶対的な高さと向き合うとき、不可能に挑もうとする意志が息づく。目眩にも似た高さへのときめき。それに、アルピニストは促されてやまない。

高く登りたいと求める心の消息を、レビュファの言葉が語り出している。（『山こそ我が世界』、近藤等訳）

大自然と単独で、あるいはチームを組んで相対した素手の人間、つまり武器も機械も持たない人間の、無限の力、豊かさ、雅量、自由の欲求……人間がこの豊かさを使おうという必要に迫られていることぐらい、自然なことがあるだろうか。子供の頃、わたしたちは木や塀によじ登った。それはよじ登ることが楽しいからであり、発見し、さらに遠く、さらに高いところを見るのが楽しいからだった。このことそのものが、大人が登山と呼んでいるものではないだろうか。

聳え立つ山は、高くあることによって人をいざなう。高さの冒険に挑む人の意志と共に、夢と理想が、憧れが、そして祈りが生まれる。その彼方で、高嶺は気高い美に輝いている。

滑るのが好き・転ぶのが好き

三月は、春を待つ時節。

樹々の新芽はほころびはじめ、早咲きの花が、色を忘れていた庭に、ふたたび彩りを甦らせる。

野山には、復活を迎えた命の息吹がただよい、そして、ぼくたちの心も、春の訪れの予感と期待でわきたつ。

山スキー

春の便りとともに、山では、温みだした陽光のもと残雪が煌《きら》めき、早春の山を楽しもうとする人たちの賑わいが戻ってくる。春山シーズンの到来だ。最近、山スキーの人気が復活してきているが、天候の安定した春山は、山スキーにはもってこいだ。

たしかに、スキーは滑り降りるだけでなく、登るのも楽しい。もともと、スキーは雪の上を移動するための道具で、ヨーロッパのアルピニストにとって、山行のアプローチにスキーを使用するのは当たり前のことだった。森林限界を越えたところに展開するヨーロッパ・アルプスのクライミング・エリアでは、スピードや移動しやすさなど、スキーはきわめて有効な道具だ。一九六三年、ボナッティがグランド・ジョラス北壁に冬期初登頂したときも、スキーを使っていた。

当時はマッターホルン、アイガー、そしてグランド・ジョラスの三大北壁冬期登攀がアルピニズムの最大の課題になっていた時代だ。その過程で、繰り返される敗退の現実に直面した挑戦者たちの間では、残された最後の手段としてヒマラヤ流のポーラー方式を採用するしかないという気持ちが強くなっていたという。こうした風潮に対して、ボナッティは断固たる姿勢をとる。

（『わが生涯の山々』）

グランド・ジョラスの北壁のようなところは、それにふさわしい登り方で登るのでなければ意味がない。そうでないと、未知のもの、不可能なものの持つ魅力、そして、おのれの全存在をかけてより高いものを求める人間としての闘い、これらの大切な価値をそこから奪い取ることにしかなるまい。

［…］

ぼくらは、自分の脚以外のものに頼らずに、アプローチを歩き、山を登り、そして谷に下りてくる。このスピードの時代には大流行りのヘリコプターも無線機も使わない。

スキーは「自分の脚」と同じだったのだ。幾日かかるかしれない行動に備えてのアプローチ。かなりの量を担ぎ上げなくてはならない。彼は、スキーをはいてピストンを繰り返す。

そして、いよいよ登攀開始だ。ここまでで仕事を終えたスキーは、雪の中に突き刺しておく。極限の寒さの中、たった一人での困難なクライミング。いつまで、この孤独な闘いを続けなければならないのか。数日が過ぎた、ある日のこと。

ぼくは、下に残してきたスキーを探そうとそちらに視線を向けずにはいられなかった。あの木製の切れ端だけが、人間とは無縁の苛酷な自然のただ中で、ぼくらの仲間のように感じられたからだ。

スキーは、極限のクライマーにとって、まさに生きるものの証しと映る。それは、遥か下に、かろうじて見えるちっぽけな点でしかない。しかし、命の息づかいがそこには感じられ、気持ちを通いあわせることができる。こうして、スキーは、彼の心の支えとなってくれた。

ゲレンデ派

スキーは、まずは移動の手段で、歩くほうが主だった。そのあと、急な斜面を高速ターンで滑り降りるアルペンの技術が生まれ、ゲレンデ・スキーが盛んになっていく。ひと昔前には、ゲレンデ・スキーのほうを、むしろ邪道みたいに思っていた人もいたようだ。そんな時代の《ゲレンデ派》と《山スキーヤー》との間で交わされた会話を、ちょっと聞いてみよう。（辻まこと『続・辻まことの世界』）

A　お互いにいいトシになってもスキーがやめられず、冬になるとこうした黒い顔で対面するわけだが、しかし雪の上ではほとんど会うことはないネー。

B　キミは相変わらず人気のない山ばかり歩いているんだろう。

A　キミはまたゲレンデで術ばかりやっているんだろう……。どのくらい上手になったのか知らないが、フィギュア・スキーとはそんなにおもしろいかネ。

B　キミだってながいことスキーを穿いているんだから、術のオモシロさだって解らないわけはないじゃないか。一体にキミたち山スキーをやる連中は、ゲレンデ・スキーをみると、妙に俗物あつかいをする気分があるようだネ。

何ともほのぼのとした会話だが、フィギュア・スケートならぬフィギュア・スキーという呼び方があったとは知らなかった。もちろん、これは現在のフリースタイルのスキーのことであろうはずはなく、今から見ればふつうのアルペンスキーのことを指している。このあと、山スキー派は、楽しみ方は自由だからと、いちおうは相手を認めるようなことを言いながらも、「山スキーというか、とにかくスキーの旅をするような連中は昔から比較してもサッパリ増えていない」と嘆く。そして、昔のツアーコースが見捨てられたり、ゲレンデに侵食されてきている現状が指摘されている。

A　たとえば、鹿沢から防火線に沿って、角間峠を経て菅平へでるコースね。あれはツアーの入門コースとして知られていたものだが、今歩いてみても、人の通ったコンセキもないくらいだよ。

B　しかし一方春の立山なんか、昔はほんの一部のエキスパートしかはいれなかったが、今じゃ雷鳥沢なんかゲレンデみたいになっているよ。それにゲレンデだって、昔とちがって機械化されウンと広大になっている。蔵王なんか、昔はツアーコースと呼んでいたところは、今じゃ練習バーンになっている。

具体的な場所の名前があがっているから、それぞれにイメージをもってもらえるだろうが、これは一九五八年頃の話だ。ゲレンデ・スキーのメインスポットの一つにまでなった蔵王に比べると、立山のほうは、懸念したほどには機械化が進行しなかった。現在でも、立山は、相変わらずスキーリフトの鉄骨におかされない山スキーのエリアが残されている。

ゲレンデ・スキー花盛りの時代、いちじは〝夏はテニス・冬はスキー〟が若者たちの定番のファッションのようなありさまだった。時たま出現する、山スキー仕様の装備を身につけた異様な風体の〝ヤマヤ〟の姿は、ETまがいの別世界からのインベーダーと映ったが、なのに、山スキーがまた盛んになってきたというのは、結局、スキーの原点に戻ってきたといえなくもない。

実際、山をやる人たちは、もともとスキーが大好きなのだ。串田孫一は、スキーで山に遊ぶ楽しさにふれ、「私はそういう意味で、スキーは山登りの道具であると、少なくとも私の場合は考えているけれど、少し面白すぎる道具であって困る」とさえ告白している（『山のパンセ』）。いや、古い人ばかりではない。いま注目される若手のひとり江本悠滋氏は「スキーを使って山に挑戦するということは、登山の基本的考えである山の弱点を突くことだと思う。シャモニのツールロンド北壁やミディ北壁ではスキーを担ぎ登り、同じルートを下降した。……スキーは登山の中でその役割が大きく変化する道具である。滑る楽しさを純粋に求めたり、アプローチや下山を迅速にするためであったり、時には撤退のための切り札だったりする」と述べて、登山におけるスキーの効用を説いている（『山と渓谷』二〇〇六年三月号）。

忍術

スキー登山がずいぶんと盛んだった時期は、日本にもある。日本におけるロッククライミングの開拓者としてRCC（ロック・クライミング・クラブ）を創立した藤木九三が、一九二七年五月、いまだ冬期の姿を残す槍・穂高でのクライミングに挑んだときのこと。藤木は「スキーとザイルとピッケルを操ることがスポートとしての登山の神髄」であり、五月の槍・穂高連峰は「スキーの享楽に至上のゲレンデを提供」して、彼らを待ちうけているると述べている。槍の穂先きの登攀に成功したあと、大槍小屋から下山していくときの様子を読んでみよう。（『雪・岩・アルプス』）

小屋を出て、降りしきる雪の中をスキーで下る。大槍下の急斜面は昨夕のままのハード・クラストで稜付けが利かず、しかも谷の幅が狭いので斜滑降も思うように出来ない。横滑りに苦しむ。先頭のMは遂に滑落した。あれと驚いたが、どうすることも出来ない。Mは最初左山の姿勢で臀を付け、スキーのエッジを立てて杖をブレーキにしたまま横滑りに墜ちて行った。そして機を見て立ち直ろうとしたが背の重荷に振り出され、とうとう続けざまに急坂にもんどり打って転落した。しかし幸いにもようやく下方のテラスで停止した。続いてスキーを脱いだ私も、シュタイグアイゼンを穿いたものかと逡巡している間に、スキーを小脇に抱えたまま滑り出した。そしてMよりも更に一町余り下まで滑落して危機を脱れた。

日本アルプスのパイオニアを自認していた彼らの、若者らしい果敢な様子が伝わってくる。こうしてスキーがまだ黎明期であった頃から、ザイルやピッケルと並んで、スキーを《三種の神器》的な主要アイテムとして重要視している点は注目したい。田口二郎は「日本の登山の質的転換は、大正期のスキーと併せて、山靴の導入と、大正後期のアルプスの総合技術の日本への輸入を待って、初めて可能となる」といい、ワラジと輪カンジキに代表される伝統的な技術に対する技術的革新をもたらしたスキーの重要性を指摘している(『東西登山史考』)。

アイゼンの導入は、ややあとになる。槇有恒がアイガー東山稜の初登頂に成功し、ヨーロッパ・アルプス旅行から帰国したのが一九二一年。それが刺激となって、アイゼンが普及し始めたらしい。だから、藤木の「シュタイグアイゼン」は当時としては新式の装備で、彼なりにその使い方を試していたようだ。スキーはすでに使い勝手がわかっていたから、登下降の際はもっぱらスキーが主役で、アイゼンはまだ信頼感に欠けるところがあった。

初期のスキー登山の実践者を、もう一人挙げてみよう。学習院高等科時代に山をおぼえ、大正の初期、槍の北鎌尾根など北アルプスを中心に登山を行った板倉勝宣。最後は、槇有恒らと出かけた立山のスキー登山中、二五歳で遭難死した。彼の遺稿集『山と雪の日記』には、まだスキーというスポーツ自体が限られた人たちのものであった時代に、静かな新雪の山を独り占めにして、仲間たちとスキーに興じるさまが活き活きと描かれている。

友人たちと連れだっての吾妻連峰山麓、五色温泉。まずは、スキーのアシマエのほどをご披露。


宿の前の一町ほどは何の障害もない広場で、傾斜も自由に選べる。ことに雪にはだれの跡方もない。三人の庭であるようにむやみと滑った。小池は棒のごとくまっすぐになってくる。そして相変わらず忍術を盛んにやって姿を隠す。そのあとにきっと孔があく。忍術と孔とは何かよほど深い関係があるらしい。小林は制御法の名手である。必ず馬にまたがるごとく落着きはらって滑走する。あれでせきばらいでもされたなら何千万の貔鍬（引用者注：ひきゅう。勇猛な将士のこと）といえども道を開けるに違いない。板倉の滑り方はなかなかうまいもんだ。うそじゃない。本人がそういっている。

この時代、スキー場を訪れる客には、外国人も多くいた。この時も、オーストリア、ドイツ、イギリスなどのスキーヤーがやってきた。板倉たちはさっそく一緒に滑りにいきませんかと声をかけているが、誘うというよりも、彼らに教えてもらおうという魂胆からだ。見よう見まねで、簡単な斜面ならなんとか滑るくらいのテクニックはあったとはいえ、その実態は、みずから認めているように、シリモチの孔をつくるほうが得意というわけで、ヨーロッパ本場のスキーヤーとなれば、願ってもない貴重な先生だ。「曲がることをもっと稽古しないといけません」と教えられ、これではますます頭が上がらないと嘆く彼らだが、そこには、西洋人にも誰にも負けない遊び心にあふれた自由闊達さがあった。

一体日本人は早くもったいぶったり容態ぶったりしたがる。したがって三十越すともう並のかけ足さえできない……。運動をしないから自然をほんとうに知らない。……一人で雪の中に立てば自分の馬鹿がわかる。浮草のような根のない理屈が馬鹿げてくる。

もっと子供になったほうがいい。自分の頭の空虚を知った子供にはさきがあるが、うぬぼれで錆がついた大人の前途は世の障害となるばかりだ。

子供の心を失わない彼らのような若者が、近代日本の開拓者だった。彼らのスキーは、踏み跡のない雪の上に自由に自分のトレースをつけていく。そのかわり、リフトも整備されたゲレンデもない。スキーをはいて歩き、スキーをかついで登っては、おもいおもいの斜面をみつけて滑る。それを、過ぎ去った時代のノスタルジーだといって済ましてしまうのは、どうにも心残りではないか。

いつ頃からのことなのか、開発された〝都会のスキー〟が山を独占してしまったのは。「私のように冬山登山とスキーとを結びつけて考えている者は、現在ではほとんどいない。流行遅れもいいところだ。スキースポーツは山麓の出生地を飛び出して都会の子となり、カッコいい現代の若者に成長してしまった」と、辻まことが嘆いたのは七十年代の初めだ(『続・辻まことの世界』)。もう戦後ではないと、敗戦処理にケリをつけて高度成長に突入した過程で、自然の領域にまで都市化が進められるようになった。都市化は、新しいファッションの流れ――これを、文化の〝創造〟とは言うまい――を生みだし、消費文化のエネルギーとなって、ことに若者の世界を覆い尽くしていく。

この、ほとんど抗しようもない激しい勢いをもった潮流の中で自己主張しようとすれば、それは〝自分らしさへのこだわり〟という、これ自体一つのファッションの形で、時代の流行に棹さしていくだけのものになってしまう。

こうしたこだわりがこれまでにも増して強くなっているのが、今の時代状況のようだ。人と自分を差別化し自分らしさをかなえてくれる手段を、皆が探し求めている。要するに、自分らしさの流行だ。自分らしさをアピールするためのアイテムを開発し提供しつづけるファッションの仕掛け。それを前にして、あれがいいこれはいやと言ってみても、結局は、与えられたものの中から選ぶだけのこと。これでは自分らしさの追求というよりは、自分らしさのための道具、いや商品の追求ではないのか。

団塊の世代

それにしても、このところ、また山スキー、当世風の呼び名ではバックカントリーが流行ってきたのは、いわゆる団塊の世代と無関係な現象ではなかろう。戦後間もない時期に誕生したこの世代が、定年退職を迎える時期になって、ふたたびレジャー活動の現場に戻ってきはじめている。そんな中高年層が、ひと味違ったスキーの楽しみ方を求めている。中高年なら百名山、というなかれ。団塊の世代の中高年は個性にこだわる。アウトドアでも、フリークライミング、アイスクライミング、アルパイン、海外登山、ヒマラヤトレッキングと、いろんなことに手を出したがる。スキーだって、ありきたりのゲレンデスキーで満足できるはずがない。彼らの基本は、自分にとっての価値を大切にすることだからだ。考えてみると、もともと彼らは、自分らしさへのこだわりを声高に言いつのり、自分らしく生きることにこだわりつづけてきた世代だった。それが人生の経験をつんで、今、残りの人生をどう生きるかについて、ことのほか敏感になってきている。レジャーは、彼らにとって自分のこだわりを実現する絶好のステージなのだ。

とはいうものの、この団塊の世代、口では勇ましいことを言うけれど、見かけ倒しのところがある。戦後の二〇世紀後半に人生の活動期を過ごし、高度成長とバブル崩壊の両方を経験、その二つとも担ってきたわれらの世代は、オートメーションの工場によって、伝統の技に支えられた職人芸の《物づくり》を廃れさせ、大量生産・大量消費を推し進めた張本人だ。レディーメイドの消費財にあふれた大型店舗によって、街角から《お店やさん》を追い払い、コンクリートのビルに埋め尽くされた今の姿に日本を作り変えたのも、われらだ。そうして、世界第二の経済力を誇る日本ができあがった。

その過程で失ってしまったものを無視しているのではない。われらは、それを、幼い頃の経験をとおしてまがりなりにも知っている。消え行くものに対するノスタルジーは、それだけ強いものがある。にもかかわらず、自らの手で葬り去るしかなかった。戦後の開発競争は、世界的な規模で行われたものだ。日本もその競争に勝つことは否応のない要請だった。従うしかなかったのだと言えば、そのとおりだろう。それどころか、積極的に加担したと言うべきだ。

そこには、敗戦直後の幼年時代に味わった貧しさから、是が非でも脱却したいという強い思いがあった。アメリカ進駐軍やワシントンハイツ（かつては、東京のど真ん中にも米軍基地が存在していた。原宿のワシントンハイツが、東京オリンピックの選手村になる）の塀の向こうに垣間みた欧米文化とその豊かさは、幼いわれらの憧れを掻き立て、経済開発を肯定させる原動力になっている。

他方で、戦前から引き継いだ日本型社会構造を崩せなかったことも事実だ。戦後民主主義の教育で育ち、権利・自由に対する意識の強さだけは自負していたものの、伝統的なタテ社会組織の中で、それに代わる、個人を基本とした新たな社会システムを提示する力を、われらはもちあわせていなかった。古くさい親分子分の家族主義的体質だって、それほどには嫌がっていないし、半分は旧世代に足をつっこんでいる分、価値観も共有しているのだ。いま聴き直してみると、グループサウンズもフォークもけっこう演歌っぽい。

現在、人生の最後のリスタートの時期にさしかかって、ことさらに自分らしさにこだわりたくなるのは、どうも果たせなかった夢の続きのような感じがしてしまう。初の戦後世代として、欧米風のダイニングで食事をしながら精一杯〝文化的〟なリビングを演出してみても、どこか借り物の衣裳をまとったピント外れな気分が消えないのはなぜか。かといって、和服でチャブダイの生活にいまさら戻れるわけもない。去ってしまった寛ぎのあるアットホームな生活文化を懐かしむ気持ちを抱えながら、行く方知れずに立ちつくすわれらのわきを、知らん顔で世の中は過ぎで行く。あとの世代はどんどん先に進み、取り残された者はいよいよ途方に暮れるしかない。

老いた団塊の世代は、こうした状況の中で自分の居場所を探している。夢の続きを見るだけなら隠れ家のようなところでいいのだろうが、でも、この世代の性癖は、それほど慎ましやかではない。饒舌な連中なのだ。自分たちの生きざまを見せつける目立ちたがり屋。

あくまでも浮世の舞台にとどまり、自分のパフォーマンスを続けようとする。

テレマーク・スノボー

スキーとテニスは、団塊の世代にとって、青春を謳歌する象徴的なアイテムだった。どちらも、少し前まではブルジョワ的で贅沢なスポーツと見なされていたものだ。親たちの世代にとっては高嶺の花。軽井沢での皇太子のテニスは、憧れの的だった。それが自分たちにもできるとなったから、皆が殺到したのは当然だろう。スキー場はどこも超満員、ゲレンデ中腹までリフト待ちの列ができた。

そんな時代と比べたら、スキー場も様変わりした。かつては、やみくもに滑りまくって本数をかせぐことに熱中していた連中も、しばし立ち止まって景色に目をやれば、そこには、自然そのものの佇《たたず》まいを残した白銀の嶺が見下ろしている。そのままゲレンデの外に出てみようと思い立っても不思議はあるまい。しかも、山スキーこそ、スキーの元祖ではないか。それはスキー本来の姿に立ち返ることであり、正統性の見地から見ても間違ってはいない、と議論好きなわれらなら言挙げの一つもしてみたくなる。

テレマークが流行り出したのも、やはりうなずけることだ。ゲレンデではいているアルペン型スキーは、いわばサラブレッド、基本的にはスピードレース用に改良された道具だ。別の楽しみ方を求めるなら、道具もそれに見合ったものがあったらいい。遠乗りに出かけて野山を駈けまわるのに、サラブレッドは必要ない。テレマークは、アルペンに駆逐され、いったんは忘れられた存在だった。でも、オフピステの領域で長時間登下降を繰り返すには、きわめて優れた道具だ。テクニックにも独自のものがある。あのテレマークターン、けっこう難しい。

テレマークは、機能の面でもテクニックの面でも、あえていえば、より原始的なのだ。ほとんど究極的なまでにソフィスティケートされたアルペンと比べたら、完成度においてはかなわない。でも、かえってそこが魅力になっている。つまり、より人間に近い道具であり、自分らしさを表現するのに適しているということだ。どこか道具に滑らせてもらっている感じのするアルペンより、テレマークのほうが、自分流の感覚と想像力を演出できるような気分がして、その分、描きだしたシュプールに対する達成感も強くなる。どこかレトロで、しかも、こだわりを感じさせるシブさが伝わってくる。そんなところが、オトナ感覚の嗜好にも応えてくれるのだろう。

これに反して、どうもウケがよくないのがスノーボードだ。スノボーは、若い人の間では人気が高い。それに反比例して、伝統的なスキーヤーたちには評判が悪いようだ。スキーヤーからすると、そもそも最初にスキーがあってスキー場ができた。そこにスノボーが割り込んできた。おナサケで滑らせてやっているのに、由緒正しいわれらに仁義をきることもせず、我が物顔をされるのはガマンならん、という気持ちがあるらしい。

でも新規参入者の側からすれば、雪もゲレンデもみんなのものだから、スキーだけが独占してよいなどとだれが決めたのか、ということになる。そこにあるのは、単なるゲレンデの取り合いだけではあるまい。もっと根深い、ある種の世代的なギャップのようなものがからんでいる。

よくボーダーに向けられる非難に、アイツらは転んでばかりいる、その上、ゲレンデのまん中にへたり込んだままで邪魔だというのがある。このこと自体は事実で、狭い日本のスキー場では危険でもある。じゃあ、危ないヨー、転んだらすぐどいてネ、と声をかければすむかというと、そう簡単でもないところが問題なのだ。オールド世代は、そこに、日頃道ばたにしどけなく腰をおろしケータイとニラメッコしている若者の姿を重ね合わせ、最近の若いヤツらはと、つい文句をつけたくなってしまう。そんな本音がひそんでいる。

遊び心

だが、ボーダーがよく転ぶ点についてだが、下手だから転ぶのかというと、一概にそうとも言えないふしがある。彼らが転ぶのは、実は下手だからだけではなく、むしろ転ぶことを楽しんでいる。ひっくり返ったり回転したり、それもいい。立って滑ってるばかりじゃノウがない。というわけで、スノーボードには通常のスキーとは異質な楽しみ方の感性がある。

スキーヤーにとっては、どんな急斜面でも転ばずに滑れることが目標だ。転倒は、下手であることを人前にさらすことで、恥以外の何ものでもない。ところがスノーボードの場合は、そんなことは構わない。フランス・エキストリームスキーの第一人者、アンセルム・ボーの話では、技術的な面での究極の可能性は、スキーもスノーボードも特に変わりはないそうだ。六〇度、七〇度に挑戦するエキストリームの世界でも、スキーで滑れるところならスノーボードでも滑走可能と言っていい。だが、滑り方というか、流儀が違う。スノーボードの滑りには転ぶことも一つの要素として含まれている、と彼は指摘する。

これは、そのまま楽しみ方の違いとなって現れる。転んだっていい、手を使ったってオシリを使ったっていい。型にとらわれないあらゆる身体の動きとともに、雪まみれになって全身で雪と戯れる。スキーはもっと型へのこだわりがある。デモンストレーターの華麗さに憧れ、美しいフォームの追究に心をくだく。

ただ、スキーにせよスノーボードにせよ、それをどう楽しむかは、ぼくたち自身の遊戯感覚の問題だ。精神が活き活きとして柔軟ならば、なんだって楽しむことができるものだ。春の山がつげる復活の季節の到来とともに、ぼくたちの眠っていた自由な遊び心も目覚めてくる。

山の先生・山の案内人

四月は新学期、うきうきと、華やいだ若者たちの姿が街に目立つ。山も笑う季節を迎えて、冬の眠りから目覚めた山にも、人が一気に戻ってくる。

学校の新学期に合わせるようにして、山では、登山教室が新学期の賑わいを見せはじめる。

道案内

登山教室の先生は、山のガイドをしている人たちだが、もともとガイドとは、文字通り、山で道案内をする人のことだった。

一九世紀のヨーロッパ・アルプスでは、登山にはガイドを伴うべし、というのが英国山岳会公認のルールになっていた。ガイドたちから〝ダンナ衆〟と呼ばれていたアルピニストは、その時代、多くが社会の上層部に属するカネもヒマもある連中だった。それに対して、ガイドは、アルプスの山で水晶採りや猟師を生業《なりわい》としていた山の民だ。

ガイドは、客のダンナのために、荷物を担ぐことはもとより、氷雪のステップ切り、岩場でのルート工作、客を引っぱり上げるなど、何でもやった。要するに、登攀の肝心な部分、最重要ポイントであるリスク管理にかかわることは、すべてガイドが請けおった。客のほうは、ただガイドのあとについて歩くことしかしていない。アルピニストの目的は、最後の頂上を踏むことだけで、あとのことはすべてガイドまかせにした。

アルプスのガイドの重要性は、岩と氷の急峻な斜面や尾根を登るための登攀能力を具えていたことだ。今ふうに言えば、ロック・クライミングとアイス・クライミングのテクニックだ。それがなければ、アルプスは登れない。だから、それができるガイドが、先ずトップになって岩なり氷なりの上にルートを拓いていく。自分の力では登れないアルピニストを登らせてやることが、ガイドの務めだった。

ウインパーはマッターホルンの初登頂者として有名だが、これだってトップで登っていたのは、フランス人ガイドのクロだった。（『アルプス登攀記』）

いよいよ私たちは……ツェルマットから見ると、垂直、あるいはオーバーハングしているように見える部分の下に着いた。……クロが先頭だ。次が私で、ハドソンが三番目、ハドウと老ペーテルが最後だ。クロが「さあダンナ方、これから先はちと勝手が違いますぜ」と言って登りだす。登攀は難しくなり、慎重にいかねばならない。ほとんどホールドのないような個所もあって、リードするのは、スリップする危険性がいちばん少ない者がやる必要があった。……私はクロの手をかりたり、ロープで引き上げてもらったりしていた。

明治期の日本アルプス探検時代にも、同じくガイドが活躍した。上高地の主と知られた上條嘉門次、剱岳の困難な登攀で名を馳せた宇治長次郎、独力で《喜作新道》を拓いた小林喜作などは、現在でも語り継がれている。彼らは、中部山岳地帯の奥に住まう山人だったが、それにガイドを依頼したのは、まずは明治初期の《お雇い外国人》だ。その中には、すでに本場アルプスでのアルピニズムを経験していた者も多く、まだほとんど未踏のまま、小島烏水の表現を借りれば「未だ依然として頁を切られない自然の祕書」(『アルピニストの手記』)の状態で残されていた日本の山は、アルピニズム的な魅力に溢れていた。

彼らは、日本にもアルプスと同じ流儀をもちこみ、ガイドになる者を雇ったが、本場のアルプスと比べると、日本の山は性格がずいぶん異なっていて、その分、ガイドの役割も違ったものになる。標高が低いこと、氷河や、急峻な岩場でのクライミング的要素がほとんどないこと、その反面、麓から山腹にかけて広大な森林地帯をそなえていること、などがその特徴だ。そのため、アルプスのような登攀の技術よりも、視界の利かない森や渓谷に道を拓くルート感覚と山中での生活技術が、重要な要素となってくる。そうしたところに、日本のガイドの優秀さが発揮された。

来日した外国人たちは、ヨーロッパから遠く離れた極東の地で出逢ったガイドに、アルプスのガイドと変わらない信頼感をもって接している。言葉の障害も、今とは較べものにならないほど大きかったはずだが、それでも、さまざまなハンディを乗り越えて、彼らの心が通いあっていたことには感動せざるをえない。

黎明期の日本アルプスに大きな足跡を残したウェストンが、一九〇二年に北岳（甲斐ガ根）に登った時のこと、同行ガイドの清水長吉と過ごした、あるビバークの様子を描いている。（『極東の遊歩場』岡村精一訳）

そこで、野営《ビバーク》の準備をした。長吉は冷たい夜の微風を避けるために、榛《しん》の木の枝をうまく工夫した、立て掛けを作った。そして、何度かマッチを擦っていると、五分もたたないうちに、松の枝に気持のいい火が燃え付き、どんどん燃え上がって来た。私はビスケットの空缶で、魂の底まで滲《し》みるようにうまいココアを沸かしたが、そのあいだに、長吉は、香りのいい木の葉の厚い褥《しとね》の上にその夜の私のベッドを作ってくれた。やがて星が、イギリスのもっと緯度の高い所でも見られないほど輝き光って来た。月は野呂川のかなた、鳳凰山の鋸のような尾根のうしろから、見る目まばゆいばかり明耿々《めいこうこう》と昇って来た。そして、この雄大な峡谷の屋根になっている帯のような濃藍の空を静々と移って行った。ちょろちょろと舞い上がっている焔の光は、長吉の正直で、思いやりのある顔に戯れていた。またその光で、彼の向うに潜む暗闇も、一層穏かな心よいものになっていた。彼と私は、その後ずっと何度も沢山の山腹や、こうした淋しい谷間で野営を共にした。しかし大樺谷の荘重な静寂境で彼とだけ共にしたその夜は、ほんとに深い友情に固く結ばれるのだった。

情感あふれる思いのたけを語り尽くす描写だ。こうして、ガイドとアルピニストとの濃密な交流は、当時の登山シーンを美しく飾っていた。

測量部員

外国人の後には、日本人登山者もやってきた。日本アルプスを舞台にした探検期の登山活動が、しだいに活発になっていく。

それと同時並行的に、時の政府による地図作成プロジェクトのための測量登山が推し進められていたことも知られている。ヨーロッパ式の測量法により日本全国にわたる測量が開始されたのが一八七一年で、その後一八八八年からは、参謀本部陸地測量部がこの事業を担うようになった。とりわけ日本アルプスの地域では作業は困難をきわめた。測量部員たちの苦労も並大抵でなく、劔岳を担当した柴崎芳太郎を主人公にした新田次郎の小説『劔岳〈点の記〉』を読むと、その悪戦苦闘ぶりがリアルに伝わってくる。

こうした測量登山では、やはり土地の住人を徴集して作業に協力させた。仕事の内容は、道案内、物資の運搬、山中生活の世話など、山岳ガイドと変わりないものだったが、では、測量部員たちとの人間的な関係はどうだったろう。

小島烏水が初めて槍ヶ岳に登ったときの話がある。島々の集落で頼むつもりだったガイドが見つからず困っていた烏水たちの前に、偶然にも山から下りてきた一人の若者が通りかかる。「我等の顔を穴の明くばかりに見つめ、遽々《きょく》然として行き過ぐるさまの怪しき」に、ふと、声をかけてみた。「遽々然」とは烏水らしい漢語的な表現で、要するにギクッとしてあわてる様子を表している。つまり、烏水たちを見てヤバいと感じているのだ。どこから来たのかとの問いかけに、彼は槍ヶ岳から下りてきたと答え、役人が槍の頂に杭打ちにいくのに人夫として雇われたのだという。「旦那がたもお仲間の衆かと心得ましたので、ツイその、……」と言葉を濁すその口ぶりからは、彼がお役人に良い感じをもっていないことは明らかだ。槍のあと続いて焼岳や笠ヶ岳にも登る予定だったのに「手前も考へましたが、割に合ひませんから鎗ヶ嶽で御免を蒙《かうむ》つて來ました、何故《なぜ》と仰《おつ》しやい、日給がタツタ六十錢でせう、それで旦那、米は自分持ちです」などと、グチめいたことまでしゃべりだしている。(『鎗ヶ嶽探険記』)

それこそ江戸時代的な、お上の命ずるままに役務に駆り出されて迷惑する民百姓の姿を彷彿とさせるシーンではないか。結局、いやいやながらの忍従、とても友情など入り込む余地はない。山岳ガイドの場合とは、ずいぶん事情が違っている。

ガイドとアルピニストは、未知の山に挑戦する冒険的な経験を共有する中で、互いに強い連帯感を育み、このことは、既成のきまりや価値観などの社会通念、そして、人間関係にも深い影響を及ぼす。そこには、主人と従僕という対立を超えて、山を登るという同じ一つの夢を分かちあう人間どうしの心の結びつきが生まれていた。

この点について、ニコラ・ジュディシはこうコメントしている。(『モンブランの哲学』)

冒険的山岳活動では、ガイドとしての農民とアルピニストとしての貴族が対等のパートナーになっている。そうした活動をしようとすれば、社会的関係を超え出た連帯というものが否応なしに求められるからだ。つまり、未踏の山巓に挑もうとアルプ川奥の谷間を訪れていた人々は、同時に、新たな形の社会的絆の実践者でもあったのだ。

日本でも、ヨーロッパ人登山者が、日本アルプスの住人をガイドとして同伴したことによって、ガイドをつとめた山人たちが、いち早くアルピニズム的な登山、ガイドの役割、アルピニストの案内術などを学び取っていった。こうしてガイドとしての経験を積んだ彼らが、次には、自分たちの経験を日本人登山者に伝えていく。実際、日本人登山者どうしの間での登山情報の交換といったことは、日本山岳会ができるまでは、それを行う場も何もなかったというのが実情だったろう。烏水も、みずからの槍ヶ岳登山について「既に播隆上人が江戸の文政時代に登山してゐたことも、明治以來ガウランドや、ウヱストンの登つてゐたことなどは、當時知ろう筈がなかつた」と書いている（『アルピニストの手記』）。だから、新時代の登山に関する知識は、先ず最初は、外国人アルピニストに同伴した日本人ガイドが、言葉によらずとも身をもって体得した面が大きかったし、それをもとにして、ガイドとしての職業的な技能の蓄積が行われ、そこから日本の山に適した登り方の工夫が施されていったと考えられるのだ。

駅から一五分

探検期の日本アルプスでは、ガイドは、道案内として大きな役割を果たしたが、いったん道がついてしまうと、日本の山は技術的な難しさがないだけに、重要性を失ってしまう。それに較べると、ヨーロッパ・アルプスやヒマラヤでは、いまだにルート・ガイドの役割は廃れていない。その理由はかんたんで、ルートを見つけることが難しいからだ。ルート表示などもちろんない。日本の山とは比較にならない巨大なスケールの迷路の中でルートを見きわめることは、至難のわざだ。うまくルートが見つからなくて時間をロスしたとか、やさしいルートで取り付いたつもりが気がついたら別の超難関ルートに入ってしまった、といった話はザラだ。その結果、遭難や最悪の死という状況が待ちかまえている。

今井通子さんが、マッターホルン北壁登頂に成功したあと、はからずも遭遇するハメになった体験を語っている。気軽なトレーニング山行のつもりでエギーユ・デュ・ミディ南壁に登りに出かけたときのことだ。ロープウェイ頂上駅からちょっと下って岩壁直下の取り付き点に廻り込むだけの楽々アプローチ、登了地点は再び頂上駅と、まことに手ごろな半日コースだ。にもかかわらず、さんざんな目に遭ってしまった。

まず、予想外の難しさでクライミングがはかどらない。そのうち雨が降り出した。それが雷雨となり、ついに吹雪に変わる。ルート状況の確かな知識がないため、どうしたらいいか判断ができない。迷った末に退却を決断、懸垂での下降を開始する。しかし、凍り付いたザイルで思うようにいかず、とうとう墜落。幸い下が雪だったので、ズボッと雪の中に首まで埋まって、九死に一生をえる。だが、ほんとうの危機はそれからだった。すぐ近くのはずのロープウェイ頂上駅を目指して、雪の斜面を歩き始める。すると、どうだろう。

あたり一面すっかり深い雪におおわれ、一寸先も見えない状況なのだ。「駅からたった一五分」のところから出発したはずなのに、完全に道がわからなくなってしまった。いよいよビバークの覚悟をきめる。と、その瞬間、嘘のように嵐が去ったという。晴れわたる夜空に、駅の明かりが輝いて見えた。

今井さんは、この体験について、こう感想をもらしている。(『私の北壁』)

私たちは岩場での事故については常に念頭に置いて十分な注意をはらってきた。先刻のような失敗はあったが、それでもともかく無事だった。しかし問題は岩場だけではなかったのだ。岩場を離れると、必ず安全な尾根道が待っている日本にくらべ、ここはまるで逆じゃないか。岩場にいる時の方がルートの見当がつき、むしろ安全のようにさえ思える。夏だというのに、目かくしをされ、全く未知の冬山に、それも吹雪の荒れ狂う雪原に置き去りにされたという感じだった。

彼女は、ヨーロッパ・アルプスでは、日本の山の常識がまったく通用しないことを思い知らされた。こんな場合、一般の登山者には、現地ガイドがどれほど頼りになるものか想像がつくだろう。

超人気のモンブラン一般ルートなどは、ことに注意しないといけない。それこそ大通りみたいなトレースが付いているのが当たり前だから、ガイドなんかいらないという気分にもなろうが、それでも天候急変、落石、雪崩など危険には常にさらされているし、いったん事が起こった時の深刻さは想像以上と心得るべきだ。ヨーロッパ・アルプスを熟知した近藤等氏は、この点にふれて「晴天ならばモン・ブラン登山は〝アルプスで最も美しい散歩〟だが、天候が崩れ、濃霧か吹雪にでもなれば、たちまち脱出困難な山になる」と指摘する（ブルーガイド・ワールド『ヨーロッパ・アルプス』）。

山である以上、遭難の危険があるのは日本もヨーロッパもかわりはないにせよ、アルプスでは、リスクに対するより鋭敏な意識が求められている。

アルプス登山ではスピードが鉄則とよく言われるが、これもリスクを意識してのことだ。スピードとは、登頂の早さ競争ではもちろんない。要するに、コースタイムにしたがって登り、頂上に着いたら、できるだけ早く安全なところまで戻ってくること。これを守らないと危険ですよ、という意味なのだ。

ガイドは、当然この通りやる。すると、やたら急がされるばかりで、景色も見られなかったし、昼飯さえ食わせてもらえなかったと、不満な者も出てくる。そんな文句タラタラの典型を一つ。

山に造詣の深いジャーナリスト本多勝一氏が、現地ガイドのルイ氏とモンブランに登ったときの報告だ。(『山を考える』)

午前九時すぎ、頂上。私たちがこの日の一番乗り。だが、なにも私たちは競争したわけじゃない。ガイドがせきたてたから、いやでも早くきたのだ。実際、もっとゆっくり景色を見ながら、楽しんで登りたかった。頂上は猛然な風雪がうずをまいているが、アルプスの最高地点(四八〇七メートル)からのながめはすばらしいから、すこしゆっくり見物しようと思ったのに、ルイ氏はここでもせきたてて、「早く下山しよう」という。無視していても、くどいほどいいつづけるから、めんどくさくなって下りだす。

そして、せき立ててばかりのガイドに、とうとう途中でストライキを起こした本多氏は、ルイ氏を追っ払ってしまう。ガイドが去った後、「面白くない登山だったなあ」と独りつぶやくのだ。

同感を禁じえない向きもおいでかもしれまいが、実際の状況を考えれば、まさに自殺的行為だったことは明白だろう。事故が起こらなくてほんとうによかった。ロープウェイから一五分のところでさえ、今井さんのような目に遭って不思議でない。それが五千メートル近いところ、そのうえ荒れた天候ときている。くれぐれもご用心。今井さんはきちんと体験から学んでいる。それが大事なことだ。

シャモニ・ガイド組合

登山ガイドという職業は、現代では、世界中、それこそ山のない国にまで存在しているが、有名なのはやはりアルプスのガイドだ。なかでもモンブランの麓の町シャモニのガイド組合は、一八二一年創立と歴史もいちばん古い。組合事務所前には、ジャック・バルマの碑が建っているが、一七八六年のモンブラン初登頂の時の登頂者の一人で、彼は、その成功により人々をモンブランに案内するようになった。そのため、プロ・ガイド第一号と見なされている。

こうして生まれたガイドの仕事は、もっぱらモンブランに客を連れていくことだった。

当時、ガイド組合では、モンブラン登山のオフィシャル規格が決められていて、ガイドを雇う場合には、これが義務づけられていた。

それによると、一人の登山者には四人のガイドを雇わねばならぬときめられ、持参する食料品も、ワインや肉など、あてがいぶちで用意されて、それを担ぎ上げるためのポーターが割り当てられるという仕組だ。そして、めでたく頂上を踏んだ者には、組合発行の公式認定証が発行された。

一八五一年に、イギリス人のアルバート・スミスという人がモンブラン登山を行い、帰国後、その話を見せ物にしてロンドンの劇場で興業を始めた。これが大当たり。アルプスのジオラマを造って、それをスクリーンに映してみせるというようなことをやったというから、けっこう大掛かりでリアルな演出だったのだろう。そのスミスが、自分のモンブラン登山の時の明細を残しているので、それを見ると、担いでいった食料は、ワインだけで九一本、それにブランデー三本とシャンペンが二本、肉が羊、牛、鳥など併せて六一（一羽丸のままもあれば、切った塊もある）、大型のパン二〇個、その他塩、砂糖、ドライフルーツ、等々と続く。エエッ、頂上で宴会ですか！　とつい訊いてしまいそう。この時の登山者は四人だったから、ガイドは一六人。ポーターが一八人、それにロバ三頭が加わる。

料金として請求された〝ささやかなお勘定〟は、当時のお金で、しめて一七七〇フラン二五サンチーム也。今だとどのくらい？　と尋ねられるとけっこう換算が難しいのだが、一フランが二〇〇〇円位として、三百五十四万円あまりとなる。

なんとも贅沢なお遊び！　それでもシャモニは、発展の一途をたどって、お客も増えつづける。モンブランの威力もたいしたものだ。ガイド組合も、ますます名声を上げていった。しかし、それと同時に、組合に対する批判も見られるようになる。

アルバート・スミスが登った一九世紀の半ば頃、それはまだアルピニズム黄金期のさなかだったが、英国山岳会は、シャモニのガイド組合に対して早くも不満をぶつけている。モンブラン一つ登るにも、組合の言うなりに大名行列をいつもやらされたのでは、たまったものではない。しかも、最大の問題は、登山者自身がガイドを選べないというところにあった。これは、いわゆる《輪番制》と呼ばれた制度で、山行を担当するガイドは組合の決めた順序により一方的に指定され、客の側では気に入らなくても変更は認められなかった。運が悪いと、ハズレのガイドに当たってしまい、さんざんな目に遭うこともあったらしい。

英国山岳会の改善要求は、輪番制の廃止と料金の引下げに向けられていた。しかし、組合の側も譲らない。その結果、イギリス人は、シャモニを避けて、主にスイスのガイドと登るようになる。こちらは、イギリス人の言うことをよく聞く従順さを売り物にしたからだ。ダンナ衆のおメガネには、スイスのガイドのほうがかなっていた。

だが、シャモニのガイド組合とイギリス人との軋轢《あつれき》は、実はもう一方で、登山史全体で見ると、もっと重要な意味を含んでいた。《ガイドレス》の出現だ。つまり、ガイドを連れずにアルピニストだけで登ろうとするもので、ガイドレス登山という登山形式は、ガイドとのゴタゴタはもうゴメンだと感じたことが、一つのきっかけになって生まれたものだ。まえに紹介した、ガイドを途中で帰らせた本多勝一氏の話も、ガイドへの反発が原因だったが、本多氏は、その後になっても、シャモニのガイドのやり方にどうしても納得ができなかった。そこで、改めて「有名な登山家、ガイド出身の英雄」ガストン・レビュファをわざわざ訪ねて、意見をお伺いしてみる。

ところが、そのレビュファ氏に聞いてみても、ルイ氏の「ガイドぶり」は、とくに変わっているわけでもなさそうだ。アルプスのガイドは、単なる案内人ではない。ポーターでもむろんない。登山のすべてを知り、最高の実力をそなえた、海でいえば客船の船長みたいな存在である。「船長」の言うことをきいているかぎり、客は安心して「大船」に乗った気でいられる。海にいる間、船長の権力が絶対であると同様、山ではガイドが絶対である。登山客に対して、ガイドはきびしい態度をとる。客のいうなりになっていたら、遭難のもとにもなるからだ。

せっかくレビュファの説明を聞いたのに、相変わらず納得はしていない口ぶりだが、それでも、ご自分でいみじくもいっているとおり、遭難のもとにもなるようなことを客がやりたがるから、ガイドが厳しくならざるをえない。いざとなったら、船長と同じで、自分の命をかけて最後まで客を護る義務がガイドにはある。

夢のパートナー

登山中は、遭難の危険が、いつでもどこでも待ちかまえている。危険と冒険は違うといわれるが、ワイルドな自然環境に立ち向かいながら、避けるべき危険を避けるためのリスク管理は、何よりも登山では必要な心得だろう。レビュファの話では、ガイドとは「登山のすべて」を知る者だとまで言われているが、実際、ガイドが自分の持ち場の山を、それこそすみからすみまで熟知しているのは驚くほどだ。フランスでプロのガイドになるためには、国立の登山学校（ENSA）で研修を受け、国の資格試験に合格しなければならない。アルプスの地理、気象から始まり、登山技術、ガイド方法はもちろん、安全確保、遭難救助にいたるまで、知識と実践の両面にわたって、グローバル基準にかなった能力が要求される。それをすべてクリアした者のみが、プロ・ガイドとして、クライアントの夢の実現にチャレンジする冒険のパートナーをつとめる役割を演じることが許されるのだ。

レビュファは、ガイドという職業に込められた想いについても、おのれの信ずるところを伝えている。（『山こそ我が世界』近藤等訳）

ガイドは彼のために登るのではない。彼の山々の扉をほかの人たちに開くのだ。どの登攀がとくにおもしろいとか、どこの曲り角で眺めが急にすばらしくなるとか、どこの氷の山稜はまるでレース飾りのようだというようなことを知っているが、口には出さない。彼の報いは、相手がそれを発見した時の笑顔の中にあるのだから。

［…］

一本のザイルがふたりの人間を結び、彼らはひとつの生命になった。ふたりの人間が最善と最悪を共に分かち合うときには、彼らはもう他人ではない。

このように、ガイドとクライアントの間には、ザイルを組む人間どうしの一対一の結びつきがある。そこに、命を託しあう責任と信頼の絆が生まれる。そんな絆の重さが、共に登った頂上の達成感をいっそう充実したものにしてくれるのだ。

やはり大切なのは、自分の夢をもつこと。夢があってこそ、それを分かち合うパートナーともめぐり逢える。夢の頂上にむかうルートはいくつもあるし、登り方だっていろいろとある。あなたなら、どのように登りたいのか。ガイドは、あなたと一緒になって考え、あなたの進むべき道の扉を開いてくれる。そして、一緒に実現しようとしてくれる。

最初は、ガイドがトップに立つかもしれない。だが、もしあなたがトップに立てるようになったなら、彼は喜んであなたにトップをゆずるだろう。そして、同じザイルのパートナーとして、そのあとも、彼は一緒に登りつづけるだろう。あなたの夢の呼びかけに応えるのが、ガイドの役目であり歓びなのだから。

バーチャル人間・生身の人間

五月といえば、端午の節句。そして、ゴールデンウィークだ。春から夏へと移りゆく季節の中で、人々の心も浮き立つ。連想ゲームではないが、ゴールデンウィークは？　といえば、まずは旅行とくる。この期間には、大勢の人たちが国内外を問わず旅に出かけていく。

バーチャル・リアリティ

国際的なテロがあったり、新型インフルエンザやサーズといった不可解な病気が流行ったりと、世の中ブッソウになってきているし、何よりも景気の低迷で旅に出たくともフトコロのほうがままならない。というような状況もあって、だいぶ客の数は減ってしまったかもしれないが、それでも、駅や空港はごった返すのが常だ。もちろん、山に入る登山者もたくさんいる。冬のあいだ閉めていた山小屋も、ゴールデンウィークからオープンするところが多い。

旅は、いつの時代になってもぼくたちの夢を掻き立てるものにかわりはない。交通の発達した現代、旅行したければいくらでもできるはずだが、現実の生活ではなかなか思い通りにはいかないのが実情だろう。行けそうで行けない、そこがツライところで、テレビの旅行番組がうけるのも、そうした気持を抱えている人が多いからに違いない。せめてテレビの画面でいろんなところに行ってみられたら、というセツナイ思いの現れだ。

それと、インターネットがすっかり普及したため、大量の旅情報が簡単に得られるようになった。インターネットの旅サイトでインタラクティブにバーチャル・ツアーを楽しむ、なんていうことも、今では当たり前だ。

つまり、実際に旅行に出かけなくても、旅行に行った気分にだけはしてくれる、そんな装置がそろっているのが現代なのだ。

ところで、実際に起こっているのではないが、あたかも実際に起こっているかのように感じることのできる体験とは、バーチャル・リアリティと呼ばれているものに属する。バーチャル・リアリティとは何か？　IT用語辞典の説明によると、その構成要素として①

体験可能な仮想空間の構築、②五感（のうちのいくつか）に働きかけて得られる没入感、③対象者の位置や動作に対する感覚へのフィードバック、④対象者が世界に働きかけることができる対話性、の四つが挙げられるという。とりわけ、インタラクティブな対話性は重要なポイントで、それによって、単に受け身的に見るだけの映像にはない双方向性が示されている。

　また、バーチャルを仮想と訳すことがよくあるが、これはあまり適切なやり方ではないらしい。仮想だと、想像上のフィクションで現実にないものの意味になってしまうからだ。それに対して、バーチャルは、それ自体が〝もう一つの現実〟にほかならない。西垣通氏は「最もおぞましいリアル（死骸）を、最も好ましいバーチャル（ごちそう）に変身させる魔術が料理なのである」という、実にうまい言い方をしている（「メディアの森――『鉄人』が作る仮想現実」）。食材としての「死の苦しみに痙攣（けいれん）している魚」も一つの現実ならば、きれいな器にもられた『わー、おいしそう』と優しい淑女もニッコリほほえむ」魚の料理も、これまた一つの現実だ。ただ、ごちそうがバーチャルなのは、それが、死骸の中に見えない形で含まれていたものを、そこから取り出してきて「切り刻んで煮たり焼いたり」することで、新たな現実に造り変えているからだ。バーチャルという言葉には、もともと「(表面的ではない)実質上の」といったような意味があることを考え合わせてみるとわかりやすい。

さあ、それではリアルな動物の「おぞましい死骸」の中を覗いて見て下さい。そこには、バーチャルな「ごちそう」が、何ともおいしそうに料理されているのが見えてきませんか。と、まあ、かなり〝シュール〟なイメージができあがる。シュールとは現実を超えた《超―現実》なので、この世の現実とは別種の、バーチャルおよびシュールという二つの《現実》が、リアルな死骸の中で出逢うことになる、わかるようなわからないお話。

このバーチャル・リアリティという言い方は、一九八七年にNASA(米航空宇宙局)が〝仮想環境ワークステーション〟の開発プロジェクトに際して使ったのが最初らしい。つまり、メイド・イン・アメリカの用語だが、アメリカ政府筋が発信するバーチャル・リアリティと聞くと、つい連想ゲーム的に頭に浮かぶのが、かつての湾岸戦争の時にアメリカ軍当局が発表したメディア向けの映像だ。油にまみれた鳥や、ピンポイントでターゲットを狙う爆撃のシーンは、今でも記憶に焼き付けられている。テレビに映し出された映像は、まるでコンピューター・ゲームをしているような、ある種の快感にも似た感覚を呼び起こしたものだった。

それが、あとになって、アメリカによって作られたコンピューター映像だった事実を知らされることになる。ゲームまがいの映像は、巻き起こる爆煙の下で生身の人間たちが焼かれていたこと、そして、その人たちが苦痛にのたうっていたこと、そうしたリアルな現実をみごとに忘れさせていた。これは、まさしく西垣氏的に言うならば、砕かれ焼けただれた身体というおぞましいリアルを、ゲーム・ワールドという好ましいバーチャルに変身させる魔術以外の何ものでもあるまい。

するど、リアルがバーチャルに変貌することによって、リアルは、ぼくたちの目には見えなくなっている。湾岸戦争の《現実》としてぼくたちが理解していたものは、実は、バーチャル・リアリティでしかなかった。このことは、かなり衝撃的であったはずだ。なのに、ぼくたちはあの時、それがバーチャルだったと教えられても、マァそんなこともありかもね、と妙に納得してしまったのではなかったか。戦争なんだから何だって起こりうるし、戦争とは、リアルとバーチャルが交差して両者の境界が曖昧化されるような状況だなどと、訳知り顔の決着をつけてみたりして、結局は、何でもかんでもやたらホンモノらしく見せてしまうイメージ効果の戯れを楽しんでいただけだったようにも思える。このことのほうがそら恐ろしい。そこには、絶対にバーチャル化されることのできない、命ある人間に対する心づかいが、決定的に欠けているからだ。

しかし、一部の国家による世界戦略としてのグローバリズムの展開と、それに伴うIT化の進行した現在では、まさにバーチャルなものが優位にたった状況に取り巻かれている。ぼくたちを世界に結びつけるつながりの中心部分を占めているのは、視覚映像を中心としたデジタル情報とメディアだといって過言ではない。

ゲーム感覚

まさに現代は、バーチャルな視覚イメージが最優位に立っている時代だ。これには、コンピューターの影響もおおいにあずかっている。

すぐ頭に浮かんでくるのがコンピューター・ゲーム。日本のゲームは、今や、クール・ジャパンなどと称される日本発ポップカルチャーの海外での評価ともあいまって、オタク系文化の中心的産業にまでなっている。かつてのファミコンの頃と比較すれば飛躍的に映像処理が向上した現在では、まさしくバーチャル・リアリティの完成形を思わせるほどの仕上がりを見せている。いや、単なる画像だけではない。音声、振動など、人間のあらゆる感覚刺激に訴えかける、その臨場感は並大抵ではない。

本来なら、バーチャルな感性とはもっとも縁遠いはずのスポーツでさえ、ゲームの世界に取り込まれている。いろんなスポーツがゲーム化されていて、人気があることは周知のとおりだ。

登山も例外ではない。登山のゲームソフトは、何種類か出されている。たとえば、ロッククライミングのシュミレーション・ゲーム。画面上でクライマーを操作してフリークライミングや人工登攀のテクニックを使い、バーチャルなクライミングを楽しむ。説明書には「アルプスの山々に登ってみたいという人は多いのですが、実際に登れる人は一握りの人々に限られています。そこで今回、ゲームの中でバーチャル登山を体験していただくべく、ロッククライミングシュミレーションという新ジャンルを誕生させました」とある（ゲームソフト「未踏峰への挑戦」）。

あるいは、八千メートル峰に大がかりな遠征隊を派遣するのもある。まずは、隊の編成から始まる。隊員の募集、登山計画、装備の準備、ルートの選定、ルート工作、登頂作戦の検討、そして順次キャンプを設営しながらの頂上アタックと、なんとも古典的なヒマラヤ登山の基本パターンだ。しかも、これにはきちんとストーリーがついている。場所は

「世界最高峰のK―〇をはじめ、未踏峰の山々がそびえ立つカムコルス山脈」だ。世界中のアルピニストの渇望の的になっている地域だが、鎖国状態のウルムンド共和国にあるため入山が許されていない。だが、満たされぬ思いを抱えながら登頂を夢見るアルピニストたちに、朗報がもたらされた。ウルムンド共和国がついに鎖国を解いたという。いよいよ「人類に残された最後の聖域」が開け放たれる。いざ「蒼天の白き神の座」（ゲームのタイトル）をめざして出発だ。

それなりに、考えて作ってはある。もともとヒマラヤ方式の登山というのは、軍事的な作戦行動をモデルにして頂上攻撃の戦略を練るものだったから、その意味では、ゲーム的な要素を含んでいて、ゲームに馴染みやすかったともいえるだろう。

こうしたバーチャル・クライミングというアイデアは、クライマーたちの間でも意識されているらしく、現代のアルピニズムの最先端をいくクライマーの一人マルコ・プレゼリが、『山と渓谷』（二〇〇六年四月号）での坂下直枝氏との対談の中で《サイバー・ピーク》のことに触れているのが眼につく。

以前サイバー・ピークというアイデアを話し合ったことがあります。スティーブ・ハウスとローランド・ガリボッティ、フランスのだれそれ、私の四人が実在しない山へ登るというやつです。中国の奥地でもどこでもいいが、コンピュータ上で架空のスーパーアルピニズムをやってみせるのです。それで人々を楽しませることは可能だし、メディアやスポンサーも喜ぶでしょう。

もちろん、といってはなんだが、プレゼリはこのことに賛成しているわけではない。現在、アルピニズムが陥っている混乱、あるいは「現代アルピニズムの外郭がきわめてもろいことの証拠」として語っているだけだ。ただ、アルピニズムというスポーツがもつゲーム的な面を、よく捉えてはいる。難攻不落のサイバー・ピークをオタク的な手法で造りだして、超ハードなバーチャル・クライミングを提供するというアイデアはじゅうぶん可能なものだ。

また、フリークライミングのシュミレーションゲームでは、さまざまなクライミングの動作をゲーム上で再現できるようにプログラミングしてあり、オーバーハング越えなどもあって、工夫のほどがうかがえる。つまり、登山ないしクライミングのもっている面白さとは何かを研究して、一応わかった上で作られているものなのだ。だから、そこそこには楽しめる。そして「いくら転落・滑落しても命がなくなりません」（ゲームの解説書）、最大の長所はこれだ。

ゲームだから当たり前？　戦争ゲームだって、バトルゲームだって、みんな、自分は怪我もせず死にもせずに人殺しを楽しめる。それがミソだということは、だれだって知っている。バーチャル・リアリティに本物の死はない。だから、命を賭けた生身の迫力も、そこにはない。ということは、やはりゲームはゲームでしかないのか。

だが、それでもゲームなりの効果には、かなりのインパクトがある。たとえばスピードがそうだ。スピードあるアクションに対しては、ぼくらの身体は激しく反応して、全身的な集中を伴ってくる。次々に襲ってくる敵、どこから攻めてくるかわからない敵にむかって、つねに身構えながら、瞬間的なリアクションでボタンの早たたきに没頭している時、ぼくらは自分の全神経全肉体が最高レベルにまで緊張しアドレナリンが沸騰していることに気づくはずだ。だから、ストーリーや映像的な作り以外に、こうしたスピードを基本とした身体的なアクションも、ゲームの重要な要素になっている。

クライミング感覚

では、登山ゲームの場合はどうか。そう聞かれると、登山とは、どうもスピード感溢れるスポーツではないと答えざるをえまい。むしろ、登山はスローなスポーツだ。

フリークライミングにはタイム競技もあるとはいえ、メジャーな部門にはなっていない。基本的に、速さを競うのではなく、速度にかかわらず結果としてどこまで登ることができたか、その到達度を競うものだ。ましてやアルパインとなれば、一つのルートを完登できたか否かが問われるのであって、それをどう登ったかというプロセスと、そしてクライミングのスタイルは問題になっても、スピードは副次的なことでしかないだろう。たしかに、速く登るということが意識され、それまで五日かかったところを三日で登ったとか、連続していくつのルートを登ったとかなど、速さが成果として語られることはある。ただ、これとても通常のスポーツで味わう、いわゆるスピード感とは種類の違うものだ。

だから登山ゲームでも、そういう意味では、スピード・アクションを楽しむようにはできていなかった。これは、これでいいのだが、では、じゅうぶん楽しめたかとなると、やはり物足りなさを感じてしまう。なぜか？　それは、触覚と関係しているのではないだろうか。この触覚というのが、実は、もっともバーチャル化しにくい感覚で、しかも、それは長くゆっくりと、いわばスローな知覚として感受される性質をもっている。

そして、クライミングでは、触覚がいちばんモノをいう。いや、山ではルートを見分けたり景色を眺めたりするから視覚だ、と主張する人もいるかもしれない。否定はしない。だが、クライミングとは、とりもなおさず登ることであって、登っていることを感じとるためには、上に向かって身体が移動している感覚が必要になる。その場合には、触覚情報の占める割合が圧倒的に多い。踏み出した足がどんな角度で曲り、どんな表面、どんなスタンスの上に置かれ、どんな具合に踏みしめるか、あるいは手をのばした時のホールドのつかみ具合、その感触、その冷たさや暖かさ、さらに言えば、スタンスが見つからなくて切なく虚空を蹴る足の、あの何とも言えない浮遊感。こうした一連の触覚的感応が、水平移動とは違った、垂直方向への移動の感覚をもたらす。そして斜面にそって身体を動かそうと努力する時の抵抗感、重力感が、上方に向かって移動していることのリアルな認知を与えてくれる。周囲の視覚的イメージでさえ、そんな身体移動の感覚を伴ってこそ、登りゆく《高さ》の情景として像を結ぶことができると言えるだろう。要するに、身体が動き、その反応で周囲とせめぎあうことの触覚体験として、高みに向かって登ることは実感されるということなのだ。

柏瀬祐之氏は、著書『ヒト、山に登る』で、近代の視覚偏重主義に対して、それを乗り越える可能性を秘めた触覚の重要性を力説している。そもそも外からの情報として与えられる受け身的な性格の強い視覚と違って、触覚の場合は、それを感受するには「ただ座して眺めるだけでは不充分」だと指摘する。つまり、自分自身が実際に動くことによって、空間が「肉質化」し「実在化」する。空気は重くなり、周囲の光景は「質量」をはらんで、膚を圧する感覚が伝わってくる。そうした自分の身体の動きを伴った能動的な反応として、触覚は体験されるものだ。

その動きが上下方向になるとき、そこには、さらに重力の制約が加わってくる。柏瀬氏によれば、重力とは「地上空間の律法」であり「人間の感情や精神のふるさと」でもあるという。登山は、高い山の上に登ろうとするものだから、こうした重力の影響をもっとも強く受ける。登るとは、重力に抗して動くことだ。その運動の中で、重力という「とてつもないパワー」を直に受けとる登山者の感受性は、ただその一点に集中せざるをえない。急な登りに喘いでいるとき、そして、わずかな指の先っちょに全体重をかけて次のホールドに重心を移そうとする時、ぼくらはたしかに、重力の重さをいやというほど実感するはずだ。重力に逆らえば逆らうほど、重力はリアルな感覚となって迫ってくる。目や耳さえもが、そうした触覚情報に対して反応するようになる。つまり、全身、全感覚、全神経が「触覚化」してしまうわけだ。そうなった時、ぼくらを取り巻くこの自然世界の全体が、自分の身体と直接に触れあう実物の手ごたえをもって、活き活きと感覚される。

土、岩、木、雪、水、霧、空気——これら自然空間の彩りすべてが臨場感、実在感を増して迫ってくる。あるがままの質量をおびてとり囲むのである。触覚とは、一種の違和感だから、登山者はそれにとまどい、圧倒され、反発し、しかし一挙手一投足の手ごたえだらけにどこか安息する。

ここで、触覚が「一種の違和感」だとされている点がポイントだ。それは、バーチャル・リアリティがもつ、あの手ごたえのない希薄な心地よさとはまったく違う。触れるとは、とりもなおさず、自分にあらがう何か、逆らう何かに感応することだ。その抵抗感を通して、そこに自分とは別の何かが確かに存在していて、それを無視したり否定したりはできないという事実が、触れた相手の側から否応無しに突きつけられる。

視覚映像的なバーチャル感覚の場合には、このような直接的な接触はない。見ている自分の視線はバーチャルなイメージの上を漂い、見られる相手はただ一方的に見られるだけ。つまり、どんなに眼をこらして見たとしても、触覚的に直接触れた時の、あの抵抗や衝撃を生身に感じることはありえない。皮膚を灼け焦がす焔も、ただ見ている間なら、燃える熱さも灼かれる皮膚の痛みも感じることはない。けれど、ちょっとでも手を伸して直接に触れてみてほしい。そうすれば、自分の身体が灼かれるということがどういうことか、それを一瞬にして、まさに自分の肌でもって理解できるだろう。

宙づりの命

こうしてみると、重力にあらがって高みへ登る登山とは、視覚優位の現代世界の中で、触覚の復権をもたらすものになりうるに違いない。そこには、まず、どうしようもない重みとして感じとられる、この身体の存在がある。それを引きずりながら、岩壁に指先をかけ、一歩一歩足を上に運んでいく動作からは、重力によって地球の中心につなぎ止められた、ETでもバーチャル人間でもない、正真正銘の地球生命体たる人間の条件の消息が触覚を通じて伝わってくる。たぶん、それこそが、ぼくたち人間の感覚の原点をなすものなのだ。それをもとに、さまざまな感覚のネットワークがつくられていく。そうでないと、おまえは「地に足がついていない」と言われてしまう。

例えば、こんなシーンを見てみよう。かつてフランス最強を誇った名クライマー、ルネ・デメゾンがドロミテのチマ・オベスト北壁を登った時のものだ。まだ一九五九年のことだから、当時は、当然のこととして人工登攀でアブミをかけて登っているが、一〇メートルも天井《ルーフ》が張り出した巨大なオーバーハングの下にさしかかる。（『素手の山』近藤等訳）

本式の天井だ。あまり考え過ぎないで、アタックするのだ。ピトンが二本やっと打てる小さな裂け目。その先はなにもない。ぼくは空中をあぶみでぐるぐる回る。下はぞうっとする。岩壁はもうない。三〇〇メートル下にガラ場があるだけだ。眺めてはいけない。考えてもいけない。穴をあけるためにジャンピングを叩くだけだ。体をすっかり逆さにして穴を開けるのだ。腕、腰、背中が痛い。

切迫した動作、回転し、逆さになった肢体、ジャンピングを叩く腕、そして痛さ。これらの身体的刺激に対して、限界的な意識が作用する。ぎりぎりの緊張感のさなか、風が吹き上げ、その中を飛び交う鳥たち。クライマーの感性が激しく揺らぐ。

岩壁に沿って吹き上げてくる寒風が、屋根のところで渦巻き、余計に虚空を感じさせる。下を見ずにはいられない。一瞬、胸がむかつく。ザイルにしばられ、ピトンに釘づけにされているぼくは、体が重く、不器用で、無防備な気がする。思うままにふるまう風、軽やかな鳥……

風と鳥の軽やかさを目撃することで、かえって我が身の重さをいっそう強く思い知らされる。そんな重力の囚われの身たる境遇が、いやおうなしの現実として、まさに宙づりになった命のかたちで実感されたのだ。突如、込み上げる胸のむかつきは、振り捨てることのできない人間の条件、離れようにも離れられない《地上》の桎梏《しっこく》の象徴といえるかもしれない。

現代フランスの登山シーンで、みずからも第一級のクライミングを実践しながら、優れた登山史研究を発表しているイヴ・バリュは、こうした生身の人間としてのアルピニストの身体感覚と、クライミングの感動との関係を、理論的に解明しようと試みている。（『アルピニスト』）

重力の法則に従わざるをえない人間は、高みへと我が身を引き上げるにしても、地上の支えからは離れられないし、人間としての条件に背くこともできない。人間は、自分の身体を通して山を発見するのだ。そして、山のイメージを造り上げる。身体の動きと斜面の形とを同時に感じとる、一つの心の作用がある。その働きによって、そこに山があり、自分がアルピニストだと感じられるのだ。だから、違ったクライミングをすれば、この感覚のほうも変化する。そして、触覚や、バランス、運動、疲労、危険などの身体感覚が、太陽や岩や虚空から受けるさまざまな感触と結び付く。ここから、登ることの最初の歓びが生まれる。

触れあう相手

バーチャルな現実と生身の現実との違いは、もうはっきりした。あなた自身の命がかかっているかどうか、なのだ。ゲームのバーチャル空間で、どれほど迫真のクライミングが展開され、いくら転落しようと、あなたの命は安全だ。シューティングでいくら撃ち撃たれまくっても、あなたに弾はとどかない。いや、こっちだってやられるし、だから熱くなれるのだと言うかもしれないが、やられるのはバーチャルなあなたであって、あなた自身が撃ち殺されはしない。たしかにスリリングな感覚を楽しむことはできるだろうが、弾が我が身を貫くというリアルな結果が、直接あなたの上に起こることはない。その証拠に、あなたは痛くも痒くも感じないし、傷の痕跡さえ残らない。

バーチャルな世界の中の出来事とは、リアルにかかわるのではなく、ただ目撃しているだけだ。つまり、そこに存在する人々や物事に対して、互いにじかに触れあうという生身の経験は生じることがない。

最後に、もう一度、山と自然の世界に戻ってこよう。こうしてみると、人でもモノでも生身どうしの触れあいがどれほど大切かが、あらためて理解できる。岩肌をつたう雪解け水の微かなぬくもり、木肌の下で脈打つ樹木の密やかな鼓動、あるいは緑の被いを剥ぎとられた山肌の引きつった強張り、それを自分の手足でちゃんと触ってみるのでなければ、自然の営み、自然の息づかい、その拒絶や受容のさまを感じとることなどできようはずもないからだ。すべては、相手に直接触れるという、触覚体験がもとになっている。

わが身を切られた痛さを知っているからこそ、傷ついた相手の痛みもわかるのだ。命がかかっているから、本気になれる。優しさや思いやりが、そこから生まれる。それは、心と心、手と手が触れあった時の嬉しさやふるえを、リアルな経験で知っていればこそなのだ。

はたから見ているだけのバーチャル人間には、ほんとうの優しさはわからないような気がする。人に対しても自然に対しても、相手とじかに触れあう確かな手ごたえを大切にする、生身の人間の生き方にこだわってみたい。

楽しみますか・苦しみますか

六月になると、梅雨に入る。

梅雨は、日本の季節にはつきもので、季節感あふれる年中行事の一種だと思えばよいのだろうが、やはり、この頃には山に出かけるのがちょっと億劫《おっくう》になる。

花の山

それでも、山好きなら、わずかな雨の合間をみはからって山行を企てたくなるのは当然だろう。ことに六月は、レンゲツツジやシャクナゲが開花の時を迎え、あちこちで高山植物も咲き始める。それに、人出が少ない。実に信じられないような静かで感動にみちた山旅が楽しめるのだ。

例えば、田中澄江さんが安達太良山で出逢った花たち。(『花の百名山』)

勢至平を経て、籠山から安達太良山の頂上に着いた頃は、雨と風で、何の眺望もなかったが、途中のツツジ科の植物の豊富さには十分に満足した。だらだら登りに灌木の林をゆくと、右に左に、アズマシャクナゲの白、ベニドウダンやサラサドウダンの紅。ウラジロヨウラクの赤紫が、枝もたわわにと言いたいほど咲きさかっていて、那須でも苗場山でも、奥日光でも、これらの花はいっぱい見たけれど、こんなに通り過ぎる木々のすべてが、花盛りというような眺めにであったことがなかった。

そぼ降る雨の中で、しっとりと佇《たたず》むいじらしさいっぱいの、思いがけない花の出迎えをうけた幸せが伝わってくるようだ。雨に濡れながらでも、これ以上美しい季節はないとさえ言いたくなる。花の山への期待に思案をめぐらす。出かけようか、やはりやめるか。雨の予感をかかえて、山への誘いと逡巡とがない交ぜになった切ないような気分を、串田孫一氏はいくど味わったのだろうか。(『若き日の山』)

この月火水の三日間はどうしても出かけようと思っていた。日曜日はつめたい雨が降っていた。……その雨風の音をききながら、何の用意もしないで日曜日の夜、仕事を済ませて眠った。翌日雨が続いていたら、少しゆっくり出ようと思っていた。

こんな気分は、山へ出かけようとするものには非常によくない。何がなんでも出るだけは家をでてしまわないと、いつか自分ひとりでまよいに捲き込まれる。

私は、ぐんぐん晴れていく朝の中で、ぼんやりしている。靴をその日なたに出して、まだ壁につるしたままのリュックザックははずさないが、その中に入れるものをいろいろと考える。そして一体自分は何処へ行こうとしているのかを考える。

何をためらうのか分からない。もう九時をすぎる。今日と明日の天気を保証するような天気予報を、いまいましく聴きながら、もう出かける気持がなくなる。私は不機嫌に送るにちがいない今日一日が自分によく分って来る。その一日のうちに、矢張り出てしまえばよかったと何度思うことだろう。


この文章の雨は、梅雨のものではあるまい。もっと寒々とした季節の気配が漂っている。でも、これと同じ雨にとまどう心の情景は、梅雨の頃にも繰り返し現れ、かえって山への想いをつのらせる。

やはり、行きたくなったら出かけてみることだろうか。降られたっていいじゃないか。雨が降ったらふったで、雨の山には、それなりのよさがある。雨に洗われて、いっそう活き活きとした表情をみせる木々や大地や岩肌に、自然の恵みを感じることも必要なのだ。辻まことの文章からは、そうした自然への慈《いつく》しみが伝わってくる。(『続・辻まことの世界』)

雨は山を覆い、大地を濡らし、樹々を洗う。それは地下に沁み、くまなく地下の生命の根を養い、やがて清冽な泉となって谷にほとばしる。こうした作用は人についてもいえるかも知れない。人の心に沁みこんだ雨が、どんな根を洗い、どんな種を育てるかはおそらく当人にも意識されないだろうが、ある晴れた別の日に、はしなくもそれが証明されることがあるように、私にはおもわれる。

梅雨の山旅も、なかなかすてたものではないのだ。雨のリスクをおかしても、出かけてみるだけの価値はじゅうぶんにある。濡れそぼった身体で、雨脚の音だけを聞きながら、ただ黙々と歩きつづける旅人。こんな情景は、どこか日本の山には似合ってもいる。

《高踏派》

昔から、山をやる人たちを、何となくヘンジンのような目で見るところがあったと思う。ある種の禁欲的で世間離れした、とでもいおうか、俗界との交わりを遠ざけて別の世界に生きる人間のイメージだ。

たとえば、井上靖の有名な小説に『氷壁』がある。映画にもなったし、テレビでドラマ化もされている。その冒頭は、穂高から帰ってくる主人公の魚津恭太を乗せた列車が、あと少しで夜の新宿に到着しようとする場面だ。（『氷壁』）

おびただしいネオンサインが明滅し、新宿の空は赤くただれている。いつも山から帰って来て、東京の夜景を眼にした時感ずる戸惑いに似た気持が、この時もまた魚津の心をとらえた。暫《しばら》く山の静けさの中に浸っていた精神が、再び都会の喧噪《けんそう》の中に引き戻される時の、それはいわば一種の身もだえのようなものだ。

［…］

さあ、歩いて行け、人のむらがっている方へ。さあ、踏み出せ、大勢の人間が生き、うごめいている世俗の渦巻きの中へ。

山から都会へと連れかえる列車の中で、こんな時に起こる「身もだえ」は、山と下界を往復する魚津の心理的ギャップをうまく表現している。列車を降りて、いざ巷《ちまた》に戻ろうという時、群衆のあいだに入っていくことへの抵抗感と闘い、そのギャップを乗り越えないと、魚津は足を踏み出せないのだ。

これと似た心の動きは、ぼくたちのなかでも起きている。山というものが、日常的な生活環境とは異なった存在であり、だからこそ、ふだんの生活では接することのできない自然を求めて山に行きたくなる。ならば、山と都会とのあいだで心のギャップが起こるのは当たり前だ。それどころか、そうしたギャップにこそ意味があるともいえるわけで、山の自然に触れることによって、自分が新しくされ生き返った、と実感することを求めている。

どこかに置き忘れてしまった心の価値を大切にする生き方は、山に登る人たちに共通したものだ。それが、時として、世俗に背をむけ、世間的な価値を見下そうとするような傾向を生む場合もある。

ひと頃、《高踏派》などという言葉が使われたりもした。辞書でひいてみると「高踏」

とは「地位・名利などに執着せず、世俗をぬけ出て気高く身を処すること」と出ている(『広辞苑』)。一九世紀フランスの芸術至上主義的な流派を指して使われたのがもとで、そうした芸術家のイメージが、俗世間を超越した、斜にかまえたような生き方のスタイルを生み、ある種のカッコよさとして日本でも流行ったものだ。それが、山登りの世界にもあてはめられて、世間的なしがらみからは超絶した別世界をめざす山男風の生き方が、高踏的だといわれたりもしたわけだ。

こうした遣い方は、実は、あながち的外れではない。というのも、このもとになったフランス語の《パルナシアン》は、語源的に《パルナソス山》という山の名前から来ているからだ。パルナソス山はギリシアにある実在の山で、標高は二四五七メートル、麓には《デルポイのアポロン神殿》の遺蹟がある。アポロンは予言の神で、有名な哲学者のソクラテスも、この神殿で神託を受けたと伝えられる。

パルナソス山は、古代ギリシア神話では聖なる山とされ、詩の女神《ミューズ》の棲み家であった。だから、パルナシアンとは〝パルナソス山の住人〟という意味だ。浮世の桎《しっ》梏《こく》から解き放たれ、聖なる山で神々と共に芸術三昧の暮らしをおくる詩人たちの姿が、そこに象徴されている。そんなパルナシアンのイメージが、同じように、俗世にとらわれない高踏的な生に憧れる山男に重ねられている。

《自然に帰れ》

このような登山の精神主義的傾向というのは、何も日本に限ったものではない。アルピニズム本家のヨーロッパでも、やはり存在しているものだった。一八世紀の啓蒙思想家ジャン＝ジャック・ルソーは、日本の明治維新にも大きな影響を与えた人物としてよく知られているが、彼はアルピニズムの誕生にも重要なかかわりをもっている。ルソーの考えを示した言葉として必ず挙げられるのが、だれもきっと教科書で習ったことのある《自然に帰れ》というスローガンだろう。それによってルソーは、文明の退廃を逃れて、汚れなき自然の中で人間本来の姿を取り戻すべきことの必要性を呼びかけたとされる。

ルソー自身は、アルピニストではない。スイスの山岳風景を愛しはしたが、みずからが高い山に登ることはなかった。彼の功績は、それまで山を、神が造った美しい大地を汚す醜いイボと見なしていたヨーロッパの人たちに、山岳美の存在を教えたことだった。ルソーの小説『新エロイーズ』は、スイスのアルプス地方を舞台に、主人公ジュリーとサン＝

プルーの許されぬ甘美な恋物語を、連なる岩と雪の高嶺、激流が迸《ほとばし》る絶壁、緑なす草原の輝き、そんなアルプスの風景描写を巧みに織りまぜながら描いている。印象深い書簡体形式のこの作品は、当時のベストセラーになった。

ジュリーにあてた手紙の中で、サン＝プルーは、逍遥《しょうよう》のたびに出逢うヴァレー地方の風景について書き綴っている。そうして、ジュリーのまだ知ることのない山岳風景の美しさを教えようとしたのだ。(『新エロイーズ』安士正夫訳)

(わたしは)いつも何か思いがけない風景に接して夢想からそらされました。ある時は巨大な岩が廃虚のように頭上に垂れかかっていました。ある時は高いごうごうたる瀑布の濃密な霧しぶきにしとど濡《ぬ》れそぼちました。ある時は永遠の急流が左右に深淵を開き、眼はその深さを探る勇気も起きないほどでした。時には密林の暗闇の中で途方にくれました。時には奥深い所から抜け出ますと、気持の好い草原が不意に眼を楽しませました。

[…]

そのほかに、色々な眼の錯覚や、さまざまに照らし出される山々のとがった頂きや、陽光と影との明暗濃淡の配合や、その結果として朝な夕なに生ずるあらゆる光の効果をつけ加えてご想像になれば、わたしを絶えまなく見とれさせる不断の光景がいくらかお分かりになるでしょう。それらの光景は真物の舞台で示されているようでした。

そして、みずから登ってみた、とある「きわめて高い山」の頂上で味わった気分を伝えている。

空気が清く至純な高山の上では呼吸が一そう楽に、肉体が一そう軽く、心が一そう清朗に感じられるということは……あらゆる人々の感ずる普遍的な印象で、そこでは快楽の熱度は低まり、情熱は一そう穏和になります。そこでの冥想《めいそう》はわたしたちの眼を驚かせる対象に比例した何かわからぬ偉大で崇高な性格を、少しもどぎついところ官能的なところのない何かわからぬ静な悦楽をおびるのです。人間のいる所から上の方へのぼってゆくとき卑しい地上的な感情はすべてそこに棄ててゆくように思われ、清浄界に近づくにつれて魂は清浄界の変質することのない純粋さを持つある物に染まるように思われます。

高い山といっても、ほんものの高山の登山経験などなかったルソーのことだから、想像の部分をかなり含んでいるはずだ。それでも、サン＝プルーの言葉をとおして、人間の上に聳え立つ高い頂きに身をおいた時の感動が感じ取れる。その心を捉えたのは、壮大な山がかもしだす瞑想的で崇高な雰囲気だった。地上の世界を抜け出て、山上の「清浄界」にいたる時、人の魂は卑しい感情を捨て去り浄められていく。そうした山岳の美を実際の体験的な事実のように語ることで、ルソーは、高山のもつ魅力を広く読者たちに発見させることができたのだった。

ここには、清浄な「高山」と、卑しい「地上」とを対比させながら、山に登ることによって人間の魂が純化されるというモチーフが提示されている。この本が書かれたのは一七六一年で、モンブランが初登頂された一七九六年よりも数十年前にあたる。ということは、そもそも高山がどんなところなのか、まだ多くの人にはほとんど見当さえつかなかった時代だったわけだが、すでにその段階で、高山を魂の浄化の場所と見なす精神主義的な捉え方が、ポピュラーな媒体であった小説を通して情報的に読者の中にすり込まれていったことになる。しかも、そのベストセラー小説が、フランスのみならず全ヨーロッパ規模で読者を獲得していった事実から判断するなら、そうした山岳観のほうも、多くの人々の支持をうけることになったと考えて差しつかえあるまい。それは、人間の日常世界の外にある異化された領域としての山の見方を、恐怖の対象から憧憬の対象へと変化させる結果をもたらした。

《自然に帰れ》というスローガンも、このような山の自然観をもとに、汚れた都市文明に対する、清らかな自然の価値を謳いあげるルソー思想の表現と受けとられるものだ。

ところが、ちょっと面白いのは、この言葉はどうもルソー自身が言ったのではなかったらしいことだ。ヨーロッパの人を相手に、ルソーは《自然に帰れ》と唱えて人間の文明を否定し、云々、と蘊蓄《うんちく》のあるところを見せようとしたら、ほんとうにルソーかそんなことをいったのか？　とキョトンとされてしまったといった話もある。

それで、調べてみると、結局のところ、これは日本の教科書にしか出ていない文句で、ルソー本人とは直接関係はないということのようだ。教科書を書いた先生が、ルソーの思想を手っ取り早く、いわば歴史の暗記項目の形にまとめて教科書に載せてしまった。そうなると、日本の教育では、文科省検定済みの教科書を疑うことはありえないので、こんなメイド・イン・ジャパンの知識が、ずっと教えつづけられてきた次第である。

死との闘い

ルソーに端を発した精神主義的な系譜は、一九世紀になると、おもにドイツの登山家に引きつがれていく。それは、精神の純粋さを追い求め、我を忘れて山の世界に没入することによって、極限にまで突き詰めた感覚の効果がもたらす忘我《エクスタティック》的な境地にひたろうとする点で、ドイツ・ロマン主義的な流れにつながっている。また、ドイツ的な個人主義とも相まって、ただ独りで山に立ち向かう単独行のクライマーたちによる、より困難な、そしてより危険なクライミングへの挑戦を加速させていった。

田口二郎は「ドイツ登山がときおり見せる極端な追求性」にふれて、それが「登山の究極を死との闘いと見、山岳もまた闘いの相手として見る」ようなクライマーを生み出したと書いているが（『東西登山史考』）、その代表格がヘルマン・フォン・バルトだ。「われに続く者は死を覚悟せよ」と叫んで、北部石灰岩質アルプスの未踏ピークを彗星のように駆け抜け、次いでアフリカにわたると、奥地遠征の途中、高熱による錯乱の中で自ら心臓に弾丸を撃ち込んで命を絶ったバルトは、こう書き残している。（アンリ・ド・セゴーニュ『アルピニスト列伝』より）

人との愉快な付き合いを捨てて、人里はなれた高く険しい岩山に人間を向かわせる理由には、さまざまあるだろう。……しかしながら、不敵に聳え立つ岩の頂きを目指す者にとっては、困難な企て、というよりもむしろ危険な企てに挑んでそれに成功したときの陶酔こそが、その求めるものにちがいない。

このようなドイツ流の登山は、おもに東部アルプスをメインエリアにしてハイグレードのクライミングに挑むソロ・クライマーたちを生み出していったが、彼らの精神的支柱ともなっていたのが、ウィーンの登山家ギド・ラマーだ。彼は、みずからも登山家だったが、むしろ文筆活動で知られ、『若々しき泉』の著者として有名になった。この著作では、ドイツ的精神主義を受け継ぎながら、それに神秘主義的色彩が付け加わった登山観が展開されている。登山行為は、社会的な悪に対する癒しと見なされ、その究極にあるものは、当然ながら死だった。

死に立ち向かっていくことに憧れ、山での死を美化するラマーの言葉を聞こう。（イヴ・バリュ『アルピニスト』より）

私の心は燃え立っている。アルプスに登り、おのれの力の限りをつくすのだ。危険に立ち向かい、死への挑戦を求めてやまぬ渇望が、疼《うず》いているのを感じる。そして、何が起ころうとも不可能に挑み、死の試練におのれをさらして命を賭ける覚悟が、私にはできている。

『若々しき泉』は、世紀末の動乱が渦巻いていたドイツ・オーストリア社会の中で、ショーペンハウアーやニーチェらのニヒリズム思想、あるいはワーグナーの音楽などとも通じ合うところをもった、狂気の時代状況が生み出した特異な精神的表現だったといえるのかもしれない。

ルソーからたどってきた精神主義の系譜は、こうして観念的に突きつめられた結果、エキセントリックな限界にまで行きついてしまう。その先に待ちうけているものは、死。だが、それは、もともとヨーロッパの山が、命の育まれる生活空間の外にあって、人間に拒絶された《魔》の領域に属すると見なされてきたこととつながる。山に近づくことが、生を棄てて死を受け入れることを意味した時代のイメージが、ここにきて、ふたたび甦っていた。

尊い願い

このように、ヨーロッパにも登山の精神主義は存在していた。しかし、日本的なものとはかなり違う。まずは、山に対する人間の関係が異なっていることが、その理由だ。日本の場合、山は、とにかく身近な存在なのだ。日常的に生活する場であり、遊びの場でもあった。〝遊山〟という言葉があることからもわかるように、日本人のレジャーの原点にもなっている。人々は、折にふれて酒や食べ物をたずさえて山に登り、宴をはった。山で飲み食いし歌い踊ることで、山を楽しんだのだ。『常陸風土記』の富士山と筑波山の〝山くらべ〟の話でも、高く峻厳な富士山より、筑波山の遊興の賑わいのほうに軍配をあげて、山を楽しみの対象として見る見方が示されていた。

しかも、そこには、セクシュアルな雰囲気さえも漂っている。「筑波ねに　逢はむと言ひし児は　誰《た》が言《こと》聞けばか　み寝あはずけむ」という歌が載っているが、これは「筑波山で逢いましょうといったあの娘《こ》は、誰の言葉を聞いたのかしらん、共寝をせずになってしまったことだ」という意味（吉野裕訳）。要するに、筑波の山で逢って一夜を一緒に過ごそうと、あっけらかんに性的行為を前提している。山は、おおらかな男女の交わりの場でもあったわけで、男は女を山に誘い、女もそれに従ってよかった。そうした山での男女の出逢いは、生産儀礼的な年中行事の慣習となって定期的に実施されたりもして（カガヒと呼ばれた）、共同体に所属する男女に求婚（つまどい）の機会を提供する役割もになっていた。

日本的な山の精神主義が、肉体の酷使とか鍛練など、苦痛の追求と結びつくのは、山が、元来は、こうした民衆的な楽しみの場であった事実と関係しているだろうと考えられる。つまり、だれもが遊び楽しむ山、それの裏返しなのだ。山の土着的な遊興性を拒絶することで、おのれの精神性を誇示しようとするモメントが、そこには働いている。それが、遊びのない生真面目さ、《楽》を蔑《さげす》む《苦》へのこだわりを生む。

日本型登山の典型的な形式は縦走だろうが、幾日も幾日も重装備を背負っての行軍を続ける、風雪のビバークを耐え抜く、といった姿には、まさしく苦行のイメージが重ね合わさってくる。それは、苦しむことの中にこそ価値があるとする、《遊び》とは正反対の精神性を表現するものだ。

今の時代には、ひと昔前の想い出でしかあるまいが、串田孫一の『若き日の山』の一節を読んでみたい。戦後間もない冬の上高地でのことだ。

穂高の雪の稜線を歩いていた串田は、上高地をあとに、沢渡までの長い帰り道をたどりはじめた。その途中、ある学校の山岳部の人たちと出逢う。みな、冬山の準備をつめた大きなザックを重そうに背負っているが、元気よく溌剌と登っていった。ところが、彼らが行きすぎたあと暫くたって、もう一人やってくる。まだ新人らしく、木箱を二つも重ねてのせたザックに押しつぶされそうな様子。串田を見かけると、

一人おくれたこの若い学生は、こごんだ姿勢のまま下からうかがうように私の顔を見上げて、あとどのくらいかかりますかと訊ねた。余程参っているにちがいない。先輩から譲って貰ったらしいぼろぼろの山靴をはいているその足が疲れている。聞いてみれば前の人たちと仲間だというが、新入部員として、こんなにも背負わされているのだろうか。私は、ゆっくり歩いて行くように、そうすればすぐ上高地ですと言っただけだが、このつらい今の辛抱が、必ず君の未来に役立つに違いないと心の中で力いっぱいはげましながら、小石がざらざらと崩れる曲り角に消えるまで、彼の後姿を見送っていた。

下からうかがうように見上げた若者の眼に、どんな心のあやめを読み取ったのか、視線ごしに伝わってくるその重さに手を差しのべるようにして、つい、こちらからも声を返したのだろう。若者を慈《いつく》しむ眼差しの優しさが印象的な場面だが、そこには、まぎれもなく〝苦痛の価値〟を肯定しようとする思いが込められていた。

健気な若者に接して、純な心が甦ってくる。だから、串田は「なぜ人は山に登るか」という、普通ならとても気恥ずかしくて口にできない問いを、この時ばかりは衒《てら》いもなくもちだして、こう結んでいる。

何故人は山に登るのだろう。何故好んで、氷の岩尾根を登って行こうとするのだろう。この自ら悦んで求める忍苦の行為を人が棄てないうちは、私は人間の尊いねがいを疑わないだろう。

忍苦を自ら悦んで求める生き方が、串田にとって、それほどまでに愛《いと》おしいものであったと見るほかあるまい。それを「人が棄てないうちは」とわざわざ断わっているのは、その時代に、すでに彼の心には「人間の尊いねがい」が疑わしくなりそうな兆候が見えかけてもいたのだろうか。若者を見送ったあと、ただ独り立ちつくす深い雪の情景は、敗戦を経て過ぎゆく時代への限りない郷愁によそおわれているようだ。

心ときめく

そんな考え方は時代遅れだよと、あっさり片付けられてしまうのが今の世の中だろうけれど、登山であるからには困難への挑戦という要素はなくなりはしないようにも思う。だからこそトレーニングをしたりもするわけで、実際、何でもかんでも努力なしにすまそうということでもないだろう。困難に立ち向かうことがなければ、達成の充実感も頂上の歓びもありえまい。安楽になりすぎたゆえの虚しさは、現代人の心に巣くう病の一つになっている。

だからといって、辛きを忍び苦しみに堪えることを金科玉条とするようなお門違いの議論の蒸返しでは、これまたおかしくなるから、この際、困難と苦痛とを区別しておこう。

苦痛とは、ぼくたちにとって、達成しようとする目的、ここでは山に登ることだが、その遂行を妨げる、いやそれどころか危うくするヤバイ状態のことだ。要するに、ご免こうむりたいものでしかない。足の苦痛は、足に損傷が起きていてこのままでは歩けなくなるぞ、という危険信号。そんなものは避けるのが当然で、もし、苦痛に襲われてしまったならば、そのときは、ただ我慢するか、限界をこえたら治療するしかない。わざわざ求めるものでは、けっしてありえない。

だが、困難はチャレンジの対象だ。積極的に追求していくべき可能性だ。それによって、ぼくたちの能力の限界を突破する扉が開かれる。だから、困難の場合には、チャレンジすること自体が楽しいはずだ。一歩一歩それを乗り越えていく時、苦しさよりも嬉しさの予感に胸がふくらんでくる。

スポーツとしての登山の中では、さまざまな困難に出逢うことができるから、それを目標にトレーニングをつんでいく。その目標は各自がそれぞれ設定すればよいし、自分の目指すところに応じて決めてかまうまい。八千メートル無酸素に挑む人もあれば、一升瓶を頂上まで担ぎ上げる体力維持が目標の人だっている。

いずれにしても、それを達成した時の歓びに心がときめいていること、そこのところが肝心なのだ。

ガイドレス・ガイドブックレス

七月を迎えれば、夏山シーズンの開幕。

いよいよ本番となれば、山好きの虫が騒ぎだす。もうジッとしてはいられないと、まずはガイドブックに手がのびて、週末はどこに行こうか、などとページをめくりはじめる。

ガイドブック

このガイドブック、じっさい読んでいるだけでもけっこう楽しい。すでに登った山、まだ登っていない山、あれこれ想像したり、思い出したりと、読みすすめるガイドブックの描写にイメージがふくらんでいく。忙しさに追われる日々の中で、ガイドブック相手の机上の山登りに、ささやかな慰めを求めている人も少なくあるまい。

ガイドブック自体、読み物風で臨場感あふれる書き方になっているものが多い。たとえば、手元にあるブルーガイド『上高地・乗鞍・槍・穂高』の「槍ヶ岳」はこんな具合だ。東鎌尾根ルートの途中から紹介する。

ここからいよいよ、**東鎌尾根**の本格的な登りコースである。鎌尾根という名前のとおり、やせた尾根を登りつづける。すこしすすむと樹木はなくなり、岩稜の道となる。苦しい登りも高度があがるにつれて、槍の穂先がぐんぐんと迫ってくるのになぐさめられる。一ヶ所危険と思われる場所には、クサリと鉄梯子がつけられているから、心配はない。けわしい大槍の鋭峰が眼前いっぱいに立ちはだかっているが、なんとも足が重くなるころ、道が二つに分かれる。一つは左へ稜線を乗り越して、**ヒュッテ大槍**と**槍ヶ岳殺**《せっ》**生**《しょう》**ヒュッテ**をへて槍沢へと向かい、一つはそのまま槍の肩を目ざしている。槍の肩まではもうひと息であるが、天候、時間、疲労の程度によっては、ここからこれらの小屋に行って泊まるとよい。

[…]

元気な人は、もう一歩足をのばして槍の肩まで行き、翌日の行程に余裕をあたえよう。

(槍ヶ岳)山荘へ荷物をおいて槍の穂先に登り、アルプスの山なみはるかに沈む落日を見よう。いままでの疲れが一度に吹きとんでしまうような、神秘的な世界がそこに訪れる。朝方登ってきた燕岳も、はるか遠く夕闇の中に沈み、今日の長かった縦走に思いをはせると、ひとしお感慨無量であろう。

もうほとんど山のエッセイといっていい。情感こもった描写に、登る時の息づかいさえ聞こえるようではないか。そして、頂上からの大展望。経験者には、かつての感動を思い起こさせ、まだの人には、いよいよ憧れを掻き立てること間違いなしだ。

それにくらべると、外国のものはもっとそっけないというか、要するに純粋にルート案内としての記述に限られているのがふつうだ。モンブランの一般ルートの解説を、有名なガストン・レビュファの『モン・ブラン山群　特選一〇〇コース』で見てみる。

ニー・デーグルから、ジグザクの山道を北東方向にたどる。デゼール・ド・ピエールロンドに向けて登って行き、ロニャンの岩稜の下を通過した後、今度は方角を右、つまり南東方向に変えて進む。エギーユ・デュ・グーテに向かってのびる支稜を登ってから、雪の斜面をトラバースしたところがテート・ルース小屋（三一六七m）。小屋の左側から出発して、大きくジグザグしながら行くと、エギーユ・デュ・グーテから落ち込む《大クーロワール》の右側に出るから、これをトラバースする（落石に注意）。そのあとは、まず斜めに、ついでまっすぐに尾根を登る。その頂上にグーテ小屋（三八一七m）がある。ここまで四～五時間。

［…］

グーテ小屋からは、まず右側のほぼ平らな尾根を六〇〇メートルたどる。方角は南東、ついでやや左に向きをかえる。ドーム・デュ・グーテへの登りで、その頂上を左にまいて進み、ドームのコルに着く（四二三七m、二時間）。その先にあるのがヴァロ避難小屋（四三六二m、三〇分）。ここから西稜の登りとなり、グランド・ボス（四五一三m）、続いてプチト・ボス（四五四七m）を越えると、トゥルネットの岩（四六七七m）に出る。さらにやせた稜線を登り続けると、モンブランの頂上（一時間三〇分。グーテ小屋から四～五時間）。

こんな具合で、要するに、客観的なデータの簡潔な記述になっている。たしかに、飾りつけがない。では、味付けをちょっと変えてみようか。今のレビュファ版を使って、たとえばヴァロ小屋からあとの部分を日本風にリライトしてみる。

広大な氷雪の世界の中に、ポツンと忘れられたようにたっているのがヴァロ避難小屋だ。ここでは、ではぜひ一服していこう。なかには他の登山者も休憩しているから、気軽に声を掛けて欲しい。登山者どうしの心が、どこでも通いあうことを実感できるだろう。そこから、稜線は幅が狭まり雪も固くなる。凍結した雪に、アイゼンの軋む音が小気味良く響く。グランド・ボス、プティト・ボスと、二つの巨大な雪のコブをトレースに沿って巻くように越えて行くと、トゥルネットの岩と呼ばれる裸岩が雪の上に姿を現わしているのが眼に入る。このあと、いよいよ最後のヤセ尾根の急登が始まる。左右がスッパリと切れ落ち緊張させられるところだ。疲れも出てきているから慎重に行動したい。左手は頂上に突き上げる雪の大斜面、右手にはイタリア側の大パノラマが圧倒的な迫力で展開する。最後の力を振りしぼって登ると、ようやく待望の頂上に抜け出る。ヨーロッパ・アルプスの屋根からの遮るもののない三六〇度の展望を、心ゆくまで楽しもう。条件がよければ、マッターホルンやモンテローザまでが見とおせる。それまでの長かった行程が一気に報われる最高のひと時だ。

これで気分がグッと盛り上がってきた、と感じていただけただろうか。リライトの要点は、ルート状況と周囲の風景描写を感情移入的なフレーズを多用して行ったこと、いわゆる〝見どころ〟的なポイントの指摘を入れたこと、それに、登山行動に関する種々のアドバイスを加えたこと、などだ。

反面、実際のルートファインディングにとって必要となるような情報は、あまり多くない。それは、ガイドブックの目的が、未知のルートを自分で見つけるためのルート・ガイドということよりも、むしろ山への誘い、さまざまな魅力の紹介や登った時の感動なども含めて、その山に登りたいという気持を高める狙いに向けられているからだ。

それに対して、すでに触れたことだが、ヨーロッパ・アルプスでは日本のような〝登山道〟が存在しない。ハイキング用の道なら立派に整備されたものがあり、これが、登山とハイキングとの明確な違いになっている。ハイキングの場合だと、コース表示の標識が完璧に設置され、だれでも迷うことなく歩けるように道がつけられているが、登山のエリアに入ったとたん、そういったものは一切なくなってしまうし、しかも、ルートは基本的に氷雪か岩だから、踏みあとなどもほとんど期待できない。そこでは、ルートファインディングの能力は絶対に欠かすことのできないものだ。まさに自己責任でルートを見きわめていかなくてはならないわけで、ルートファインディングの正否は深刻な問題となる。そこで、そのために必要な情報を提供することが、ガイドブックの主要な役割になっている。

反ガイドブック

同じ山のガイドブックといっても、そのスタンスはかなり異なっていることがわかるだろう。読む側としては、自分の好みと必要性にあわせて使い分ければそれでよい。ところが、ガイドブックそのものに対して異議を唱える人がいる。その声をここで聞いてみることにしたい。生態学者にして探検家の西丸震哉氏だ。（『山歩き山暮し』）

……たしかにガイドブックは便利なものだ。

しかし、人間の好みは千差万別なもので、人によって興味をひく場所がちがうし、同じものをみても、それから受ける印象も見方もまるでちがうものだ。ガイドブックがそんなこまかなちがいまで考えて案内してくれるはずもなく、書く側だって自分に興味のない部門については少しもいわず、いいたくてもできない。

それなのに今はガイドブックの大はやり。だれか自分の先を歩いてくれていないと心配だとか、知らない場所がこわいような人は、未知の分野にはいっていく資格のない人で、旅なんか、ほんとうはすべきではないのだ。

イヤー、かなり手厳しい。彼みたいな根っからの探検派には、だれかに案内されていくこと自体が探検の趣旨から外れており、ガイドブックなどに頼らず自分の力で未知の世界に分け入ってこそ感動もあれば喜びもある、ということだろう。いちいち、ここで感動しなさいなどと指定されるのは、まさに大きなお世話。ましてや、疲れ方や休憩の仕方にいたるまであれこれ言われたら、自分の想像力と創造力をどこで働かせるのか、と反発してみたくもなろう。ガイドブックの指示とおり「金魚のウンコみたいに、ただゾロゾロつれだって」歩いているだけでは、個性も何もあったものではない。

こういう西丸氏の言い方には、たしかに〝観光化〟され〝情報化〟されたファーストフードみたいな自然ばかりが氾濫して、ほんものの自然を忘れてしまった現代人のひ弱な一面が、よく指摘されている。

こんな風潮がよほどアタマにきたとみえて、西丸氏はついに自分で『西丸震哉の日本百山』という本まで出してしまった。もちろん、深田久弥の『日本百名山』を意識しているわけだが、とはいっても「深田さんに対抗してやろうなんていう考えはこれっぱかりもなく、世間の、登山者の対応が気にくわなかったのがアタマに来て、書く気になった」のだそうだ。

西丸氏のお気に召さなかった登山者の対応とは、日頃口にしている〝自分らしさ〟へのこだわりなどどこへやら、ただ「百名山」だからというだけで山に登るような登山者の賑わいぶりだ。それに対して、西丸氏は声を上げる。

あれは深田さんの好みで選んだ百山、それをほかの人が何の主体性もなく登山の目標としてなぞっていく。

個性派の時代だ、オレがオレがという意識ばかりが強烈になって、そのくせやることは自分で決められないとは何事か。

せめて山登りくらいは自分の好みのやり方で。自分の好みの山を選んだらどうなんだ。

そこで、西丸氏のお好みの山を選んで、みずからお見せしたという次第なのだ。しかし、というか、だから、というか、これは新しい「百名山」のガイドブックではありえない。むしろ《反》ガイドブックにほかならない。「この書は断じて案内書ではない。そんなところがあるのか、それじゃ行ってみようか、なんていう気を絶対に起こしてはならない」と、わざわざ断っている。

それは、メサキの変わった情報ならすぐに飛びつくことが、あたかも自分らしさを見つけることと勘違いしているような現代の〃個性派〃たちに対する挑発でもあろうし、より深刻には、じかに自然と向き合う感覚を喪失した現代人への警鐘でもある。「野生動物のカン、原始感覚を研ぎすまし、クマやマムシに出遭っても攻撃されない自信を持てて、どんな悪条件となっても、助けは来ないのが原則なんだ、という自然界では当たりまえのこと」が、ぼくたち自身にやれるのか、そもそもやる気があるのかどうかを、問いかけようとしている。

ガイドレス

一九世紀前半のアルピニズム黄金期の頃には、もちろんガイドブックなどまだ普及していなかった。それでも、アルプスを紹介した旅行記のようなものはいくつか出ていて、それなりに人気があったらしい。しかし、当時のアルピニストたちにとっては、ガイドブックなんかよりもずっと頼りになる存在がいた。本のガイドならざる、人間のガイドだ。この時代は、ガイドにガイドさせて登るのが常識で、限られた夏の一時期しかこられない都会人のアルピニストには、自分よりも山のことを熟知していて経験豊富な地元の山男の存在はなくてはならないものだった。

ところが、そんな当時の常識に挑戦する者が現れた。それが《ガイドレス》と呼ばれた人たちだった。

「ガイドレス」の「レス」とは「〜なし」という意味だから、ガイドレスのクライマーは、その言い方のとおり「ガイドなし」で高山に登ることをくわだてた。その当初の意図には、前にも書いたが、かなりの部分、金銭上の不満も含まれていたらしい。じっさい、ガイド料金がベラボウに高くなっていたのだ。はじめは、恵まれた金持ち階級の道楽みたいにして始まったアルピニズムだったが、しだいに多様な人々のあいだに広まるに従って、多額のガイド代を負担と感じ、できるだけカネを使わずすませたいと思う人が増えてくるのも当然のなりゆきだった。しかし、それだけではない。

アルピニズム黄金期の登山とは、ひと言でいって、未踏のピークの初登頂競争だった。まだだれも踏んでいない頂上にいちばん最初に立つ、そのために、とにかく頂上まで登れるルートを見つけだすことが最大のポイントだったわけだ。だから、土地っ子のガイドの知識と経験とテクニックを最大限活用した。結果的に、そうして拓かれたルートのほとんどは、他よりもやさしいもので、今では一般ルートになっている。

ところが、ひととおり主だったピークが登りつくされてしまうと、次の段階として、今度は同じ山でも別のバリエーション・ルートから登ることに関心が向けられていった。これまでのように頂上に到達すること自体よりも、どうやってそこに登ったか、そのクライミングのスタイルのほうが重視されるようになる。この時期になると、アマチュアのアルピニストも、ガイドとの山行実践をつうじて、みずからがクライミング能力を身に付けるようになっていたし、さらにトレーニングをつんでプロのガイドを凌ぐような者さえ現れてきていた。そうしたクライマーたちは、お決まりのルート以外には手をだしたがらないガイド連中をさしおいて、独力で、より困難な新ルートへの挑戦に意欲を燃やしていった。

《ガイドレス》というスタイルを最初にアピールしたのは、イギリス人アルピニストのチャールズ・ハドソンとエドワード＝シャーリー・ケネディが、一八五六年に共著で発表した本によってだったといわれる。その本のタイトルはこうだ。

『意志のあるところに道はある　―ガイドレスによる新ルートからのモンブラン登頂』

もうこれだけで、ガイドレスの精神をあますところなく表現している。内容は、サブタイトルにあるとおり、ガイドレスでモンブランを、それも新たに開拓したルートから登った時の山行を描いたものだ。この時に彼らが拓いた新ルートとは、シャモニよりもさらに低いサン・ジェルヴェの村を起点にして、エギーユ・デュ・グーテに登り、ボス山稜をつめて頂上を目ざすもので、エギーユ・デュ・グーテ以降の部分は、現在の一般ルートにほぼ相当している。

その当時は、初登頂のバルマとパカールが採用した、シャモニの谷の正面にせり上がるモンターニュ・ド・ラ・コートからグラン・ミュレを経て、グラン・プラトーを通過し、頂上にいたるルートが一般的だった。シャモニのガイド組合の専売特許ともいうべきモンブラン登山の場合に正規のルートとされたのも、これだ。現在では、むしろこちらがバリエーション的扱いを受けていて、じっさい、氷河の状態が不安定なことと、ルート・ファインディングの難しさから考えても、ずっと厳しいことはたしかだろう。結局、シャモニのガイド組合も、時代の変遷にあわせて、グーテ経由のルートのほうに一般ルートを変更することになる。

さて、この本のタイトル、けっこう有名になっている。色紙に書かれたりすることもあって、ちょっとカッコいい。道なきところにみずから道を切り拓く、自由でチャレンジングな生き方を象徴するような言葉だ。

ガイドレス、独自のルート、そのための意志、これら三つこそが、ハドソンたちの求める新しいアルピニズムを形づくる基本の要素だった。そこでは、初登頂の争いも、相手を追い落とそうとする闘争本能も、勝利の栄光を誇示する功名心も、姿を消している。彼らが追求したのは、登ることとそれ自体の楽しみだった。

この山行を企てるにあたって、ぼくたちは、もっぱら冒険への愛に駆り立てられていたのであり……何か有益な発見などよりも、ただ楽しみだけを求めていた。

冒険への愛。これがすべてなのだ。そのほかには何もいらない。愛は無償だというではないか。なんの見返りも求めない。ただ山を愛すること。そして、その愛を実践すること。それこそが、山に登ることだ。

山が好きだから、山に登ることが楽しいから、山に登る。「なぜ山に登るのか?」という有名な問いかけがあるけれど、これは、まさしくその立派な答になっている。この本全体を通して、新しいアルピニズムへの愛とその精神がいっぱいに表現されているが、特にモンブラン頂上での言葉からは強いメッセージが伝わってくる。

頂上からの眺めはそれまでの苦労に見合うほどのものなのかと、よく聞かれる。この質問に対しては、どれほどきつい登りであっても、頂上というものは、そこまで登ってきた人の努力に報いてあまりある、と答えてやるのもよいだろう。しかし、ぼくたちの考え方では、それとは別に、登攀の満足度を知るための質問としては、登攀の労苦それ自体が歓びをもたらしてくれたのかどうか、ということを聞いてみたい。

今回の登攀において、ぼくたちは、困難を克服して正しいルートを発見できたこと、皆から不可能と見なされた企てを、ぼくたちだけの頑張りで成功させたこと、さらには、紺碧の天空を間近に見られたこと、精気に満ちた空気を胸いっぱい吸い込んだこと、岩と雪と氷がどこまでも続く無限の広がりを全ヨーロッパ的スケールで観察できたこと、こういったことから歓びを得ただけではない。たとえ、ガイドが初めから終わりまでくっ付いてきたとしても、頂上まですべて霧の闇に包まれ何も眺めが得られなかったとしても、それでもよかった。ぼくたちにとって大切なのは、筋肉と肺腑のたゆまざる活動が生み出す動物的な快感のみが歓びであるという、まさにこのことなのだ。こんな労苦をするなどとは、ある人にとっては、煩わしく辛いだけだろうが、別の人には、いや増す命のエネルギーの発露であり、深い歓喜の源である。

「労苦自体が歓び」、これこそが、かの質問に対する真の答だ。

頂上からの眺めがなくたっていい。ましてや、征服の栄光が与えられなくたって、いっこうかまわない。ただ冒険にとびこみ、クライミングを楽しむこと、「筋肉と肺腑」の活動が生み出す「動物的快感」を味わうこと、それだけでじゅうぶんだという。そこに、彼らの感動の新鮮さがあった。

歩いたあとに道がある

こうしたガイドレスの流儀は、アルピニズムの在り方に大きな変更をもたらす結果を生む。ガイドレスでやるとは、クライマー個人が、それまでガイドに頼っていた部分も含めて登山行為のすべてを自分で引き受けることだ。ということは、それだけクライマーが自律的になれることを意味している。どこを、いつ、どのように登るか、それを決めるのは自分自身だ。より困難な登攀にチャレンジしたいのなら、思うままに自己責任でやればよい。クライミングのスタイルをとってみても、単独で登る《ソロ》や、はるかに自然条件の厳しい冬期登攀などが、いっそう強くイメージされはじめる。

ただし、それにともなって遭難のリスクもいっきに増加してしまう。そうした風潮に対しては、当時の英国山岳会は、危険度の高い新たな流儀をルール違反だとみなして、ガイド山行以外を認めようとしなかった。しかし、それでもガイドレスのクライマーは、しだいに増えていく。それは、貴族主義的な英国山岳会に対する批判を意味していた。

ここから発した、よりハードなクライミングを追求する流れは、それまで土着のガイドたちの経験的なレベルにとどまっていたクライミング・テクニックをはるかに超えた進化形のテクニックをあみ出し、新しい登攀用具の考案改良を推し進めることになる。つまり、こうしたことがすべて合わさって、現代の登山シーンを形づくる中心的な流れへとつながっていったのだ。

たとえ、究極のアルピニズム追求とはかけ離れたところで、ささやかに山を楽しんでいるぼくたちにだって、これは無縁なことではない。どんな山登りでも、一人のクライマーがそれぞれに自分のスタイルでクライミングのパフォーマンスを楽しむ、ということに変わりはないからだ。

歩く前に道はなく、歩いたあとに道がある。未知の世界に道を切り拓く歓びを求めて、人は山に登りはじめた。しかし、さりとて、先に歩いた人がいるからといって、もはやそこを歩く意味がなくなってしまうわけではなかろう。同じ道でも、人それぞれに違った歩き方があるはずなのだ。自分の道を探しながら、どのように歩き、どのようなトレースを描くか、それはいつだって、歩く者にとっては新しい体験だろうし、その意味で、その後に引かれた道すじは、一人ひとりが描き出すオリジナルなラインになっている。

山の景色ひとつとってみても、それは常に一回限りのもの、一度あなたに見せた顔は、二度と他の人に見せることはない。岩の色、雪の造形、空気の感触、風の香り、どれも時々刻々と変化してやまない。その一瞬に出逢った山の姿は、たしかに、あなただけのものだと言っていい。このことに想いを寄せてみれば、山は、いつも新たな装いを凝らして、あなたの前に現れてくれる。

魔法の力、なのだ。山があんなに変幻自在なのは、山が魔法使いだからだ。山を下りてきて、あなたは自分が変わったように感じたはずだ。それは、山の魔法のせいだった。魔物にだって遭える山の世界に入って、そこで何を見、何と出逢い、何を体験したか。自然の魔術に接しながら、気がつけば、あなた自身が、それまで知らなかった別の自分に変貌させられていることに驚かざるをえないだろう。

たしかに、週末のわずかな時間を工面して山に行く、そんなぼくらの日常では、未知の山に未知の体験を求めて、独りゆっくり彷徨《さまよ》っている余裕はないのがふつうだ。ガイドブックがないと何もできないというのはたしかに困りものだが、無理して何の準備もなく入山したら、それこそ命取りにもなりかねない。ガイドレスをまねてガイドブックレスでやるというなら、それなりのリスクを負うハメになる。

じっさい、情報化の進んだ環境の中に生きる現代人の一人として、受け身の生き方にすっかり慣らされてしまった自分の姿を思い知らされてしまう。やはり、事前に情報を得ることが安全につながるわけだし、ガイドブックはそのためにあると、まずは心得よう。その上で、だれもどこにも書いていない、自分だけが見つける自然と出逢う場面を大切にしたい。すると、じかに自然と向き合って、ジッと耳をすまし眼をこらさなければ感じ取れない、密やかなものに対する野性の感覚が甦ってくるかもしれない。ガイドブックどころかインターネットを通じて多種多様な情報が氾濫する現代になっても、山には新たな発見のための余地は必ず残されている。

だから、心を研ぎすませ、いつもスタンバイの状態にしておくことが大切なのだ。ほんものの感動を与えてくれる素顔の自然が、思いがけないところで、こっそりあなたを待っている。

岩に踊れば・岩に唄えば

八月といえば夏休み。それまであたためてきた計画を実行に移す時だ。ハイシーズンを迎えて、どこの山も登山者で沸きかえる。さあ、待ちに待ったバカンスに出発しよう。

ガイド祭

この頃では、海外でのクライミングを楽しむ人の数もずいぶんと増えた。夏休みに行く海外の山といえば、やはりヨーロッパ・アルプスが中心だろうか。ヒマラヤもいいが、八千メートルの頂上を踏むことはそう容易ではない。その点、アルプスは半分の四千だから、日頃から山馴れた人ならじゅうぶん頂上の歓びを味わうことが可能だ。ヨーロッパ・アルプスといえば、スイスのツェルマットやグリンデルワルトと並んでフランスのシャモニ（正式にはシャモニ・モンブラン）も中心地の一つだ。アルプスの最高峰モンブランの麓に位置するこの町は、アルプスの氷河から流れ出たアルブ川に沿って東西に細長くのびる谷のちょうど真ん中、標高一〇三七メートルのところにある。

かつては、シャモワやブクタン（ともに、アルプス原産の野生ヤギの仲間）のような野生動物の猟と水晶採りで生計をたてる山の民の寒村にすぎなかったこの地に、一八世紀の中頃、最初のイギリス人が訪れたのが観光の歴史の始まりだった。そして、一七八六年のモンブラン初登頂が、いっきに歴史の歩みを進展させる。新しいスポーツ《アルピニズム》の誕生だ。それまでは近づくことさえ不可能と思われていた岩と氷の頂をきわめる歓びを提供するこのスポーツは、冒険に憧れる、当時の野性の精神を惹きつけた。アルピニストを迎えるようになって、シャモニは山岳リゾートとしての体裁を整えていく。鉄道の敷設、ホテルの建設、登山電車の開通などのインフラの整備が進められた。

そして忘れてならないのが、一八二一年に、ガイド組合が創立されたことだ。それまでは、村人が副業のような形でやっていたガイドという仕事が、これによって専門の職業となった。プロ・ガイドが誕生したわけだ。その後、各地に同様のガイド組織が作られていくが、このアルプスで最初のガイド組合は、モンブラン登山を看板にして発展を遂げていく。現在でも、シャモニ・ガイド組合は、町の中心にあるサン・ミシェル教会の横に事務所をかまえ、世界中からやってくるアルピニストを迎えている。

そのシャモニのガイドたちによって、年に一度、八月一四日から一五日の二日間にわたって《ガイド祭》が開催される。第一回は、一九二四年。遭難救助のための資金集めが目的だったというから、すでに八〇年以上の歴史がある。

昔ながらの祭の中心行事は、一五日の午前中に行われる伝統の儀式だ。早朝、レトロな登山ジャケットにザイルとピッケルをたずさえた正装姿のガイドたち一五〇人余りは、そろって町の墓地に詣でて、山の先輩たち、山で亡くなった故人に祈りをささげた後、会場のサン・ミシェル教会前に集合する。

儀式は、メンバーの点呼から始まる。その年に指名された点呼役が、アルファベット順に名前を呼び上げるのだが、聞いていて面白いのは、同じ名字が何人も続くことだろう。クーテ、パイヨ、ドゥヴワスー、ラヴァネルなどのところにくると、時には一つの名字で一〇人以上も続いたりして、いったい何人いるのだろうと、つい数えてみたくなるほど。そのほか、登山道具のブランドでおなじみのシャルレやシモン、そしてモンブラン初登頂以来のガイドの家柄を受け継ぐバルマなども多い。これは、日本の田舎でも、同じ名字の人たちばっかり、それもほとんどが親戚どうし、なんていう話を聞くことがあるが、シャモニも似たような具合なのだ。そして、シャモニのガイドになれるのは〝シャモニ生まれ〟が原則だから、結局、同じ名字のガイドが勢揃いすることになる。

つづいて、ガイドとクライアントの表彰、神父さんによるピッケルとザイルの祝福などが行われる。そして、教会でのミサの後、隣のモンブラン・ホテルの庭に場所を移してパーティー。シャンペン・グラスを手に、ガイドとクライアントの交流の輪が広がっていく。郷土の名産品やガイド祭グッズの販売などもある。

かつては、このあとに、ガイヤンの岩場で、ガイドたちによるクライミングのデモンストレーションが行われた。ガイヤンは、シャモニの中心部から西にちょっとはずれたところにある、古くから親しまれたクライミングのゲレンデだが、ここを会場にして、ガイドたちが鮮やかなクライミングのテクニックを披露した。

その後、前日の一四日夜に、規模を大きくした前夜祭として実施されるようになった。開演は夕方の八時。ヨーロッパの夏の日は長く、夕日に照らされてまだ明るい。まずはロックの演奏で幕があけられる。コンサートでじゅうぶん気分が盛り上がった頃、ようやくあたりは闇につつまれ、いよいよメインイベントの始まりとなる。フランスでは《ソン・

エ・リュミエール》と呼ばれて親しまれている、ライトアップされた野外で繰り広げられる音と光のページェントだ。

岩壁の上には、各種のセットがすでに準備されている。それを舞台に、踊りあり歌あり演技ありの多彩なプログラムが繰り広げられていく。これすべて、企画、出演ともガイド自身によるものだが、まさにプロはだしのミュージカル・パフォーマンス。崖のてっぺんに張りわたしたロープを使ってハンググライダーの大ジャンプをしてみたり、垂直の岩壁をスノーボードで滑り降りたり(落下したり?)といったような、スペクタクル系の企画も多い。屋台で買ったご当地産のハムやチーズをつまみにサヴォワのワインを飲みながら見物すれば、文字通りアルプスの夕べに酔いしれる最高の雰囲気を味わえるだろう。

フィナーレは花火。夜闇に花開く色とりどりの光が、バックに聳えるモンブランの白い雪を染める幻想的な美しさは、絶対ほかでは見られまい。

だが、まだこれで終わりではない。すでに深夜近くの時間だが、帰りかけた見物人を引き戻そうとするかのように、ふたたびロックの音色が響きわたる。会場はいつしかディスコと化し、バカンスの夜を最後の一瞬まで楽しみ尽くそうとする人たちの踊りが、いつまでもつづく。

そして一五日の朝、伝統の儀式に参列するために、人々は墓地にまた集まってくるのだ。こうして時代と共に、この祭はガイドたちに受け継がれてきた。登山史に名を残す有名なガイドも多く参加しているが、ガストン・レビュファもその一人だ。

彼の代表作『星と嵐』(近藤等訳)の中に「ドリュの北壁」という文章がある。ドリュ針峰の北壁ルートを、クールマイユールのガイド、ルネ・マリュと登った時のものだ。

一九四六年の夏、レビュファたちは、このルートを八月一四日に登ることに決めた。つまり、ガイド祭の前日ということだ。ガイド祭に出なければならないレビュファにとって、それまでには絶対に戻ってこなくてはならない。

ドリュは、シャモニの町から見上げるとほぼ完全な三角錐の形をたもっていて、幾何学的な完成度にまで達しているという印象を与える。しかし、シャモニの谷をもっと奥へと進むにしたがって鋭角度が弱まり、丸みをおびた感じに変化していく。それと共に、岩の途中が大きくえぐれているのが目に入る。《壁がん》と名付けられた巨大な岩のくぼみだ。これを間にはさんで、ナンブラン氷河から上部へと展開する斜面が北壁で、二九〇〇メートルの取り付きから三七三三メートルの頂上まで八〇〇メートルの高度差で一気に突き上げている。初登攀は、一九三五年。

午前八時半のモンタンヴェール行始発の登山電車に乗って、二人は出発した。しかし、正味のクライミング部分だけでも、当時のコースタイムでは一〇時間近くかかる。それに下降の時間と、シャモニの町からモンタンヴェールまでの登山電車、およびメール・ド・グラス氷河のトラバース、それぞれの往復時間をいれると、ほんとうにその日のうちに帰ってこられるのだろうか。

二人がナンブラン氷河のベルクシュルント（氷河と岩壁の間にできた割れ目）を越えて登攀を開始したのは、すでに午後一時を過ぎていた。スピードを速め、ぐんぐん攀じ登ってゆく。二時間たらずで「巨人が親指で山肌をぐっと一押しして凹《へこ》ませたような」壁がんに到達した。そこで、いったん足を止めて壁がんを覗きこみ、ついで反対側に視線を回す。そこからは「空に向かって岩の竜巻のように高まってゆく」西壁が眼に入ってきた。その時、レビュファはパートナーに声をかけ、「あと十年したら登られるだろう」と予測している。実際に、西壁が人工登攀のテクニックを駆使して初登頂されたのは、六年後の一九五二年だった。

レビュファたちは、まずは晴天に恵まれ黄金の陽光を浴びて登りつづけたが、登攀の最後になって、突然嵐が襲ってくる。そして、夜の七時半、頂上に立った。あたりは雪におおわれ、頂上から少し下降したところでビバーク。でも、そんなに酷い状態ではない。雲の背後に月の気配も感じられる。夜が深まり、一八〇〇メートル下でシャモニの町が寝入った頃、ようやく暗黒の空に「ブロンドの月」が姿を現した。星も瞬いている。二人の心は平安に充たされていた。並んで、羽毛のベストの中にちぢこまって坐り、岩を揺りかごにして眠りにつくのだった。

そして、朝が来た。大急ぎで帰還しないといけない。大事なガイド祭、朝の儀式に遅れたりでもしたら、それこそ大目玉をくらってしまう。

その翌朝、シャモニに戻った時には、墓地での儀式とピッケルの洗礼はすでにすんでいた。わたしは遅参したために罰金を科せられるだろう。

午後、わたしはガイド祭の岩登りデモンストレーションのために、ガイヤンで岩登りをやった。

征服の山

現代のぼくらの目には、どこかノスタルジックで微笑ましさの漂うセピア色の一シーンと映る。そこに見えるのは、やさしさのこもったソフトなアルピニズムの形だ。

しかしその一方で、アルピニズムといえば命をかけた山との格闘をイメージする場合も多い。未踏峰の征服が狙いだ。最初はアルプスの四千メートル、それが登り尽くされてしまうと、次はヒマラヤの八千メートルがターゲットになった。登山用語では、アタックとか、攻略、陥落、退却とかいった戦闘に関連した用語がよく使われるが、このように言葉づかいのレベルでも、登山には攻撃的なイメージがまつわっている。

一つだけ例をあげよう。マッターホルンの征服者ウインパーは、著書『アルプス登攀記』の最後に、みずからの記念碑的な登山をふりかえり、こう記している。


マッターホルンは、まことに手強い敵であった。長期にわたって抵抗をつづけ、激しい攻撃を幾度となく仕掛けてきた。ところが、最後は、だれも予想できなかったほどあっけなく陥落してしまった。しかし、執拗《しつよう》な敵というのはそういうものだが——征服されたように見えて、実は、壊滅してはいなかったのだ——その後、マッターホルンは恐るべき復讐を行ったのであった。

復讐とは、もちろん、あの下山時におきた滑落遭難のことだ。それにしても、もしマッターホルンの名前が書いてなかったら、これが山登りの話だとはだれも思うまい。まさに、戦記もの、戦士の回顧録にしかみえないだろう。それほど戦闘的で攻撃的な表現に充ちている。山を見つめる登山者の目は、まぎれもなく獲物をねらう征服者のものだ。

このスタイルの山登りを《パイオニア=ワーク》と捉え、それこそが「創造的登山」だとした人もいる。本多勝一氏は『「創造的な登山《パイオニア=ワーク》」とは何か』と題された文章の中でこう言っている。

処女峰の登攀こそ山における最大のパイオニア=ワークである。

征服の快感を求めるパイオニアたちは、未踏の〝処女峰〟を狙い、それを〝落とす〟ことに情熱を燃やす。だが、ここで問題がある。山の処女がいなくなれば、創造的な登山も終わりになることだ。しかも、マッチョなパイオニアたちの欲望をそそるのは、どんな相手でもいいわけではない。ミスユニバース級が要求される。世界一高い山エベレスト（チョモランマ）、それを誰が落とすか！

この女神の頂きに男たちが群がり、ついに、純白の雪の肌に踏み痕がつけられた。エベレストは陥落したのだ。

その後の状況に対して、本多氏は、それを「山は死んだ」と表現する。

チョモランマが登頂されるまでは、登山は人類史に登場し得るパイオニア＝ワークのひとつであった。しかし今では、「パイオニア＝ワークとしての」山は死んだ。他の山、スポーツとしての山が始まろうとしている。

ほんとうに、山は死んだのか。実は、これと似たような〝アルピニズムの終焉〟に関する議論は、すでに一九世紀からあった。そもそも未踏峰の初登頂を競い合ったというのは、アルピニズムの歴史の中では、ごく限られた時期に見られた特殊な現象でしかなかったのだ。

アルピニズムの誕生とされる一七八六年のモンブラン登頂のあと、登山という新しいスポーツに手を染める人の数は増えていったものの、その増え方はごく緩やかなもので、しかも登る対象はもっぱらモンブランに限られていた。そのうちモンブラン以外にも目が向けられるようになり、別の山にも登路が開拓されようになる。これが、アルプスの探検時代だ。

人よりも先に頂上を極めることは、大きな達成感をもたらす。こうして、ある一人が「だれも登ったことのない山に、オレは始めて登ったぞ!」と自慢するようになった。すると、ならオレだって、と競争意識が燃え上がり、やがて先陣争いが始まる。チャレンジャーの数は加速度的に増えて、一気に初登頂のスピードが加速した。

その端緒となったのが、アルフレッド・ウイリスによるヴッターホルン登頂で、一八五四年のこととされている。初登頂競争が熾烈に展開されたこの時期は、ふつう《アルピニズムの黄金期》と称されるが、この過程で重要なのが、一八五七年に英国山岳会(アルパイン・クラブ)が設立されたことだ。世界で最初のこの山岳会は、当時の登山界でリーダー的存在を自負していたので、スポーツとしてのアルピニズムの組織化を行おうと試みた。アルピニズムを「初登頂を競い合うゲーム」として捉えた上で、アマチュアリズム、フェアプレイ、そしてチームスピリットというイギリス流のスポーツ観を適用して、アルピニズムの〝正統的〟なスタイルを決定した。

初登頂競争は一八六五年のマッターホルン登頂まで続いて、終わる。わずか十一年間。それは、怒濤のごとく最高潮にまで高まったとたんに幕を閉じた束の間の出来事にすぎなかった。この短い期間に、アルプスの主だったピークのほとんどが登り尽くされた。その数は、一八〇に及ぶといわれる。

こうして〝アルピニズムの終焉〟が語られることになる。一八七五年の英国山岳会機関誌『アルパイン・ジャーナル』に、レスリー・スティーブンは「わずかに残された登頂を果たし、その結果、幾人かの命を失った後は、われわれの使命も終わりを告げるだろう」と書いた。初登頂競争ができなくなれば、アルピニズムも終わりだという認識が、そこに示されている。

落ち穂拾い

こうして〝アルピニズムは死んだ〟のだろうか。その後の歴史は、そうは考えなかったクライマーたちがいたことを証明している。競争が一段落したことは、むしろ新たな段階の始まりにほかならなかった。困難なルートの技術的な克服という観点から多様な《課題》に挑戦し、それを突破するための《解答》を見つけだすことが、新たなアルピニズムの主要テーマとなる。

こうした、多様なクライミングのスタイルを模索するフランス、ドイツ、オーストリアなどの大陸諸国を中心とした動きに対して、英国山岳会は反対した。当然と言えば当然のことで、それは、アルピニズムにおけるみずからの《正統性》が否定されることを意味したからだ。それらのせめぎ合いが、アルピニズムを次の段階へと推し進めるエネルギーを生み出すための原動力として働く。特に、ドイツ系のクライマーによるドロミテを舞台に創始された《ガイドレス・ソロ・高リスク》を標榜する先鋭的クライミングのスタイルは、イギリス流の正統とは正反対の性格をそなえていた。

また、初登頂競争のほうも、アルプスからヒマラヤに場所を移して続けられていく。人間という存在は、何につけ競争することを楽しむ気持ちを生まれながらにもっている。もっとも単純な〝走る〟という行為、それもたった百メートル走ることが、あれほど世界中を熱狂させるのだ。極限での命を賭けた八千メートルの競争が興奮させないわけがなかろう。アルプスでは、ターゲットとなるピークの数は、それでも数百を数えることができたが、八千メートルはたった十四しかない。競争は、激化せざるをえない。

競争はあってもいい。ただし、競争がなくなったら「山は死んだ」というのはナシだろう。自分の目標がなくなっただけで、せいぜい「初登頂チャレンジャー」としての自分が死んだというくらいのところでカンベンして欲しい。今も山はそこにあり、多様な可能性へのチャレンジは続けられている。

だが、「パイオニア＝ワーク」へのこだわりは、それ以外の山登りの価値をいっさい否定してしまう。エベレスト陥落とともに「山は死んだ」のであり、真のアルピニズムも死んでしまった。あとに残された〝バリエーション・ルート〟には、もはや単なる「落ち葉拾い」の意味しかない。（『「創造的な登山《パイオニア＝ワーク》」とは何か』）

> いったいバリエーション＝ルートなるものは、処女峰に対して成立するだろうか。チョゴリやカンチェンジュンガが処女峰であった時、易しいルートがわかっていながら何とかして「より困難なルート」を選ぼうとした隊があるかね。つまり、もうその山に対する最高のパイオニア＝ワークが為されてしまった後に、仕方なく選んだのがバリエー

ション=ルートなのだ。彼は「仕方なく」という事を意識している。最高のものではないという事、落ち穂拾いであるという事を意識している。

そうして拾い集められた落ち穂の標本まで作ってくれているので、拝見しよう。(「山は死んだ」)

アイガー北壁などでは初登攀以来次々とバリエーションが試みられ、単独登攀、厳冬期登攀、単独厳冬期登攀、女性の初登攀などはまだしも、ついに「直線登攀」(引用者注、ディレティッシマのことか?)などという奇形が現れるにいたった。つまり頂上までの最短距離に定規で線を引き、その通りむちゃくちゃに登りつめるというのだ。……私はよく思うのだが、富士山などはグルグルと螺旋状に登れば、まだ世界記録をたてる余地が残されているのではなかろうか。

ここに展示されているのは、結局、現代のアルピニズムでもっとも熱く燃えているシーンそのものではないか。それさえも、あざけりの対象でしかない。さらに驚くのは、それら「奇形」まがいのバリエーションに「女性」が含められていることだ。女人禁制とはいわないものの、女だてらに、というマッチョ的精神構造を、いまだにもちつづけていると見える。

クライミングのスタイルについても、それが前衛的な形を求めると、やはり拒絶反応が出てきた。一八八一年のママリーによるグレポン登攀や、一八八二年のセラ兄弟らによるダン・デュ・ジェアン登攀は、当時としては画期的なテクニックを駆使した高難度のクライミングだった。それまでは、グレポンのような《アルピニズムの課題》は登攀不可能なものとされ、挑戦するのはほとんど狂気の沙汰と見なされていた。それを登ってしまったのだから、センセーションを巻き起こさずにはいなかった事情はよく理解できる。だが、これに対して、やはり英国山岳会を中心に強い非難の声が挙がる。

それは、頂上を落とすことに狙いを定めた登山とは異なったクライミング・スタイルの誕生を告げるものだったからだ。この流れの代表的な一人がギド・レイだが、その著『アルピニズモ・アクロバチコ』を仏訳したエミール・ガイヤールは「仏訳者の序文」（河合享訳）で、ダン・デュ・ジェアン登攀の波紋について触れている。

これは、じっさい、見事な勝利だった。だが、なによりも……人間の精力的な仕事にあたらしい登山の形式がひらかれたという意味があった。その形式にたいして、ある人たちは、軽蔑をこめて、《アルピニズム・アクロバティク》軽業登山……という名をつけたのだった。

側面が絶望的に切りたっていてすべすべとしている臘燭岩を攀じのぼること、絶壁が足の下に深まるにしたがって困難がます巨大な岩壁を這いのぼること、いつきるともない鉄のように硬い黒い氷のクーロアールを溯ること、狭い岩の溝のなかを虚空に垂直に落ちている細い煙突のなかを煙突掃除夫が登るときの恰好をして登ること、深さが測りしれない絶壁の上の手の平よりも広くはない岩の縁を横這いしてわたること、突きでた氷河を横切って勤勉な忍耐づよいピッケルの足場切りで体をもち上げてゆくこと、これら、一言にして言えば、選ばれた者のみに許されたことをすること、これが今日の前衛登山家たちの理想なのである。この理想はある人たちの目前には純粋な曲芸《アクロバシー》、つまりこれこそ真の狂気の沙汰にみえるだろう。

現代のクライミングでは、ここで曲芸的と形容されている究極のテクニックはすべて当たり前のものになり、練習すれば普通にできてしまう。いやそれどころか、この頃だったら足場切りさえ不可能なオーバーハングの氷壁を二本のピッケルとアイゼンの前爪だけで登ったり、スパイダーマンの身のこなしで岩の天井を這い回ったりと、もはや曲芸も顔負けだ。

山がそこにある

こんなふうに見てみると、一つの型にはめ込んで、自分の考えとは違ったやり方を否定することが虚しいことがよくわかってくる。征服型の登山が好きだからといって、アクロバット型のクライミングを否定するのはやめよう。そして、山という自然を征服することだけでなく、もっと持続的な関わりの視点から、山登りのことも考えていった方がいい。登り尽くされたらもうやめるというのは、資源を採り尽くしたらもうおしまい、利用価値がなくなれば後は要らないという、自然破壊型の自然開発のやり方となんの変わりもあるまい。今ぼくたちは、否応なくその過ちに気づきはじめているが、おそらくこの二つは、実は、もとのところで同じ自然観につながっているに違いない。

ガストン・レビュファはこう書いている。（『星にのばされたザイル』近藤等訳）

わたしたちが頂上に到達しようとも、勘違いしてはいけない。わたしたちの登攀では、それが易しいものであっても、または難しいものであっても、頂上を征服したことにはならないのだ。自分自身を征服したということはできるかもしれないが……

このような謙虚さに想いをいたすことは大切だ。自然に対する人間の傲慢さがどれほどの悲惨を生んでしまったかに気づかないほど、現代のぼくたちは鈍感でいられるはずがない。

「もっと単純なこと」ではないのかと、レビュファは言う。子どもの頃を思い出してみよう。子どもは、木や塀があればすぐ登りたがる。高いところによじ登ることは大きな楽しみだ。そこから遠くを眺め、新たな景色を発見することの歓びを知っている。だから「大人たちがアルピニズムと呼んでいるもの」も、結局のところ、こうした行為と変わりないものなのかもしれないと思える。ぼくたちは生まれながらに、身体や筋肉や魂を授かった。それを活用させたいという欲求があり、そこから命の飛躍と歓びが生まれる。そのために「大自然が無償でわたしたちに提供してくれた」場所、それが山なのだ。(『山こそ我が世界』)

こう考えてくると、例の「山がそこにあるから」という言い方が、けっこう当を得たものだったような気もしてくる。もちろん、本多勝一氏らの造詣深い検証によって、本来のジョージ・マロリーの言葉の用法はすっかり解明されている。要するに、世界最高峰のエベレストが処女峰のまま存在するから登るのだということで、一般的な山を指しているなどとんでもない。

それを承知で言うのだが、この言葉には、ぼくたちの登ることに対する本能的な欲求を、案外見事に言い表している面があるのではないか。そこに、山が聳えている。それを目の当りにしたとき、思わず登りたくなる衝動がうずきだすのを抑えられまい。ああ、ぜひあそこに登ってみたい！　という憧憬の気持が心の中でときめきだすはずだ。そんな冒険に憧れる人間の真実を、うまく言い当てた素朴な表現として、それはじゅうぶん通用するものだろう。

この言葉を聞いたとき、大多数の人がそんなふうに受けとったのだと思う。その結果、一種の名言に仕立て上げられてしまった。

もうそろそろ、ぼくたちは〝処女峰征服〟というアルピニズムのトラウマを解消できる時代に生きていることを認めよう。いろいろなものが多様化している現代では、クライミングにもいろんなスタイルがあっていい。登りたいという人間としての欲求を、もっと素直に表現してかまうまい。同じルートでも登り方はさまざまに違う。では、自分はどう登るか？　それによって自分らしさを表現できるわけだろう。つまり、クライミングとは自己表現を楽しむ方法の一つなのだ。

どう表現したいかに応じて、新しいルートを手がけることもあろうし、既成のルートを自分なりに登ってみるのもオーケーだ。ただ、初登かリピートかは、クライミングの価値自体にはかかわりをもたない。

現代におけるアルピニズムの意義を問い続けているフランスのイヴ・バリュは、このことをこう表現している。（『モンブラン征服』）

登攀ルートは音楽の曲に似ている。美しい曲はクラシックになり、幾世代にもわたって演奏され続ける。

ならば、アルピニストは音楽家みたいなものだ。一方に《作曲家アルピニスト》がいて、新しいルートを創作する。すると、もう一方には《演奏家アルピニスト》がいて、その宝を見つけに山に入っていく。

コミュニケーションのスタイル

登ることでどれだけの感動を生み出せたか、こだわりたいのはそこのところだ。新しいルート課題を創ったのなら、新曲ができた作曲家の歓びと重なる。交響曲のように壮大な作品もあれば、粋で洒落た小品もあるだろうが、美しい作品であることにかわりはない。

曲には、それを音に出してくれる演奏家がいなければならない。創られたルート課題には、それを登るクライマーが必要だ。クライマーに登られることで、ルート課題はパフォーマンスとして表現される。岩に唄い、岩に踊る。一つの曲でも演奏家しだいでいろいろな音色になるように、一つのルートのクライミングも個性あふれる多様さがあってこそ、豊かに充実していくものなのだ。

最後に、現在クライミング・シーンの最先端をパフォーマンスする小山田大の発言をきいてほしい。（『ROCK & SNOW』２００６年春号）

課題をつくった人がもし世の中からいなくなったとしても、その人がどういうことをイメージして登っていたとか、その人がどういう力を持っていたのかとか、その人がどれくらい情熱を傾けてクライミングをしていたのかっていうのが、ルートを通じてわかるっていうのは本当にすごいことだよ。それはクライマー同士だから通じ合える、コミュニケーションのスタイルっていうか、すばらしいことだと思うね。

クライミングは僕にとってはひとつの媒体であって、クライミングを通じて自分をいろいろ表現していけたらとは思うんだけど。

山と一緒にどんな音楽が奏でられるか。もっとも美しい感動を表現できる山との出逢いを求めて登ることが、ぼくらの時代に似合ったアルピニズムのかたちになってきたようだ。

登りたいから・護りたいから

九月、ふと秋の気配かと思えば、いやいや、あいもかわらぬ残暑の日が続いている。このところ、夏が暑く長くなった。ひと昔前なら、三五度といったら信じられないような気温だったのが、今や、また今日もか、と溜め息をつくだけだ。それでも、季節の早い山ではそろそろ秋の気配が漂いはじめる。このあたりで、ひと夏の山行を振りかえってみるのも楽しい。

『ザイルのトップ』

想い出を整理しているうちに、山の本を繙《ひもと》いてみたくなる気分になることがある。特に、その夏登った山が舞台になった作品など、自分の体験とも重なって、感動がひとしお高まる。

山岳文学で有名なフランスの小説家に、ロジェ・フリゾン＝ロッシュがいる。一九〇六年のパリ生まれだが、山が好きで、青年になってからシャモニに移り住んだ。そこを拠点に、アルプスの山を登りまくる。そうしているうちに、とうとう自分自身がシャモニの高山ガイドになってしまった。

シャモニ・ガイド組合は、設立当初からシャモニ出身者であることを組合員になるための条件にする誇り高い組織だったが、フリゾン＝ロッシュは〝シャモニっ子〟ではない、組合所属のガイド第一号だった。あとになると、ガストン・レビュファやリオネル・テレイなど、シャモニ以外の出身者も目立つようになる。

フリゾン＝ロッシュは、ガイド業とともに、しだいに文筆の世界でも仕事を始め、むしろ作家として世界的に名を知られるようになる。彼のデビュー作が『ザイルのトップ』だ。〝ザイルのトップ〟とは、登山において、ザイルをつなぎ合ったパーティーの先頭に立って全員の命をあずかり、みずからルートを切り開いてメンバーを頂上へと導くリーダーのことだ。シャモニを舞台に、ガイドを天職とする男たちの世界を、美しいアルプスの山並みを背景に描いたこの小説は、日本でも、一九五六年に近藤等氏の訳で出され、ベストセラーになった。

主人公のピエール・セルヴェタは、見習いの高山ガイド。それなのに、高所での目眩《めまい》に悩んでいる。

ピエールの父ジャンは、シャモニの名ガイドだったが、山で死ぬ。客をガイドしている最中の事故だった。客は金持ちのアメリカ人で、行き先はドリュ。料金が一番高いから、という理由で決めた。

ちなみに、ここで、ガイド山行の料金のことに触れておこう。ガイド料は、基本的に、コースの長さと総合的な難易度をもとにして設定されている。二〇一〇年度版の料金表では、初心者に人気の高いコスミック山稜の縦走二三〇ユーロ、ミディ南壁レビュファ・ルート二九五ユーロ、モンブラン一般ルート七八〇ユーロ。グランド・ジョラスだと一般ルートで九三五ユーロと、かなり高くなる。北壁の場合は〝定価〟がついていない。最低額を二〇〇〇ユーロに設定して、あとはクライアントの力量やコンディションをみてガイドと交渉で決める。この他、マッターホルン八七〇ユーロ、モンテローザ八四五ユーロなど。では、ドリュはいくらかというと、ここで想定されているトラバース・コースの料金は、九〇〇ユーロ以上でガイドと交渉となっている。小説の時代は、最高難度で最高料金の山行だった。

こうして出発した二人を、途中、突然の天候悪化が襲う。ジャンが引き返そうといっても、「俺は頂上へ行くために金を拂っているんだ」と、客は忠告に耳を貸そうとしない。見捨てるわけにもいかず、仕方なく登り続けていたジャンは、とうとう落雷の直撃を受けて宙づりのまま命を落としたのだった。

ピエールは、そのジャンの息子、誇り高きシャモニのガイドの血を受け継ぐ男だ。父の遺体を収容するため仲間たちとドリュにおもむく途中、登攀に失敗して滑落したピエールは、それが原因で急斜面での目眩《めまい》という症状に苦しめられるようになる。

もう二度と山には登れないのか。父のあとを継いでガイドになり、ザイルのトップに立つ夢はもはやおしまいになったのか。悩みぬいたピエールは、ある日、一つの決断をする。みずからの運命にチャレンジするしかない。試してみるのだ。

こうして、彼は岩壁に挑む決意をする。まだ明けやらぬ闇の中、「己の運命をためすのにもってこいの夜だ」と心に言いきかせ、家の扉を開けるピエール。向かうは、ブレヴァンの断崖。立ちはだかる岩と、その登攀に挑むシーンは、若者の決断をめぐる心の葛藤を象徴している。(『ザイルのトップ』近藤等訳)

登り行くにつれて、かれは自信を取り戻してきた。この夜の山登りにうっとり心をときめかせながら、心から愛しているこの荒々しい大自然の中に、喜々として入りこんで行く。だが、森の夜の幕は、山路が鉛色の大きなガラ場までくると、だしぬけに引き裂けるのだ。頭上はるかに高く、ブレヴァンの断崖が、越え難い牢獄のように地平線を仕切っている。

しかし、いざ岩に取り付いてみると、不安は的中した。ブレヴァンの岩壁は高度感満点だ。石を落としたならば、「途中どこにも触れずに、五百メートルは落下する」だろう。そんな垂直の斜面で、ピエールは、恐怖のため一歩も踏み出すことができない。どうしようもない恐怖と絶望に押しつぶされて、ピエールは子どものようにすすり泣いていた。

この挑戦で、かえって目眩《めまい》の恐ろしさを嫌というほど知らされたピエールは、すっかり落ち込み、やる気をなくして自堕落な生活に身をやつしてしまう。そんな彼を救ったのが、仲間のガイドたちと、やさしいフィアンセのアリーヌの励ましだった。みなの愛情と助力に支えられて、ついに彼は危機を克服する。父ジャンの運命的な山行に同行して、凍傷のため両足の先を失ったジュルジュと二人だけのパーティーを組み、エギーユ・ヴェルトの北壁に挑戦したピエールは、見事登頂を果たした。その頂上で、彼は自分に「お前はガイドになるんだ、お前はガイドになるんだ」と、希望に満ちて繰り返すのだった。

ヴィア・フェラータ

この小説で重要な役割を果たしているのがブレヴァンの岩壁だが、これは、シャモニの谷をはさんでモンブラン山群と向かい合う《赤い針峰群》(エギーユ・ルージュ)の西側のセクターに位置する岩峰のことで、シャモニ市街からもよく見える頂上部分が、二〇〇メートルの垂直の壁となって突き上げている。今では、そこにロープウェイが架けられ、標高二五二五メートルのピークにある頂上駅付近はアルプスの絶好の展望台だ。モンブランの真正面に位置するという理想的なロケーションに恵まれているため、シーズン中は観光客の賑わいが絶えない。

ブレヴァンの岩峰は、小説にも書かれているように、以前はかなり登られていて、ガイド山行なども行われていた。だが、岩質がややもろいことが原因らしく、しだいにクライマーが遠ざかっていった。その後、現在のようなクライミングの発達にともなって、とくにスポーツ的な性格をもったフリークライミングが盛んになってくると、その流れを受けて、頂上駅を起点としたブレヴァン一帯は、アクセスの容易さもあって、スポーツ・クライミングのエリアとして注目されるようになる。

そこで、新ルートの開拓やゲレンデの整備が活発に進められだした。以前はとうてい登れるとは考えられなかったような困難な壁にも、かえってテクニック的には面白いルートがどんどん拓かれる。ところが、不思議なことに、こうしたクライミング・シーンからはまるで忘れられたかのように、ブレヴァンの岩峰自体に目を向けようとするクライマーがなかなか現れてこなかった。

こうして手つかずのまま残っていた頂上岩壁に、二〇世紀もそろそろ終りに近づく頃、ヴィア・フェラータを作ってはどうかという計画が、ある開発会社から提案された。

ヴィア・フェラータとは、岩場に展開するコース全体に自己確保用のワイヤーを張りめぐらした上で、日本の登山コースの岩場なんかで見られるようなハシゴとか、鉄の足場や手がかりなど、登攀補助具のたぐいを徹底的に付けまくった人工ルートのことだ。ヴィア・フェラータ、つまり〝鉄のルート〟と名付けられるゆえんだ。楽しむには、このために考案された特製ショックアブソーバー機能満点の用具を使って確保用のワイヤーに身体をつなぎ、ワイヤーにそって指定されたコースを進む。こうすれば、もし落ちた場合でも、しっかり確保されているし、落下のショックもじゅうぶん吸収されるので、重大事故にはならない。

というわけで、ヴィア・フェラータだったら、自分の顔が映るくらいツルツルのスラブ（滑らかな一枚岩）でも、のけぞりオーバーハング（垂直以上の傾斜で覆いかぶさる岩）でも、まさに超難関ルートが、頑張ればだれでも登れる仕掛けになっている。もともとイタリアの、それもドロミテあたりが発祥の地らしいが、最近のヨーロッパの山岳リゾートではけっこう人気がある。しかし、シャモニの山、つまりモンブラン山群と赤い針峰群のエリアには、まだなかった。だから、リゾート開発の目で見れば、このヴィア・フェラータ計画はけっこうウマ味のある企画になるはずだった。

こうしてもちあがった開発計画に対して、ちょっとお待ちなセー！　と割って入ったのがシャモニのガイドたちだ。いくらなんでも、シャモニのど真ん中にヴィア・フェラータはまずい。そんなものを認めたらアルピニズム本家のコケンにかかわる、と彼らは真剣に考えた。

そもそもヴィア・フェラータなんていうもの自体、まっとうなアルピニズムからいったら邪道でしかありえないではないか。昨今では、自然と人間がじかに向き合って触れ合いながら、できるだけ人工的な要素を排除して、人間にもともと備わった自然の能力だけを頼りに登る、そんなピュアなクライミングに対する考え方を大切にしていこうというのが、アルピニストたちの共通の思いになってきている。ヴィア・フェラータは、それに対して、ほんとうのアルピニズムとは関係のないものだ。要するに、自然を観光資源に利用して、クライミングの真似をしただけのレジャー遊具にすぎない。

そんな観光政策の味方をしていいのか。しかも、設置場所になっているのが、あの、名だたる先輩たちが大切にした、かけがいのないブレヴァンではないか。そこを、そんな〝鉄くず〟で汚すことは許せない。シャモニのガイド組合を中心に、国立登山スキー学校（ＥＮＳＡ）や陸軍高山学校などのクライミング関係団体が集まって組織された委員会は、ただちに計画案に対する〝ノン〟を決議したのだった。

フリゾン＝ロッシュ・ルート

こうしてヴィア・フェラータ計画は立ち消えとなった。じゃあ、そのあとをどうするか？　改めて考えてみた。その結果、ならいっそのこと、自分らで新しいクライミング・ルートを拓いてやろうじゃないかと話がまとまってしまう。こうして、ぴったし二〇〇〇年のシーズンにできたのが、その名も《フリゾン＝ロッシュ・ルート》だ。

ルート名の由来は、もちろん、フリゾン＝ロッシュに捧げるという意味だ。その作品に描かれ、彼自身好んで登っていたブレヴァン。アルプスを、そしてガイド魂を愛してやまなかったフリゾン＝ロッシュのこころざしを受け継いでいこうとする気概が、その命名に現れている。

こうしてできたフリゾン＝ロッシュ・ルートは、まさに三ツ星付きの名ルートになった。アプローチのよさは、もはや言う必要もない。ブレヴァンのロープウェイに乗って頂上駅へ。そこから歩いて、ブレヴァン東壁の下部に回りこめば、もうそこが取り付きだ。徒歩一五分。楽すぎて身体が暖まる暇がないくらい。

登りはじめの一ピッチ目で、いきなりフレンチ・グレード（フランスで採用されている難易度の表示法）６ａの出迎えを受ける。核心は数メートルのスラブだが、ホールドが限られているうえ、スローパー（ひっかかりがなく掴みにくいホールド）ぎみで、けっこう辛口。そのあと、５ｂ、５ｃと続いて、もう一度６ａが現われる。こんどは一〇メートルのディエードル（本を開いて立てたような形の岩壁）ふうに開いたクラック（岩の裂け目）で、レイバック（体を横むきにし手足を岩につっぱるように押しつけて登る方法）をまじえた、いかにもシャモニらしいパワー系のムーブ（クライミングの用語で登るときの身体の動作）で突破する。やさしい接続の一ピッチを経て、最後は５c。シャモニで最高に美しいとガイドたちが自慢する、岩の彫刻のようなディエードルがフィナーレを演出してくれる。

コース整備も万全で、シャモニ流クラック主体のスポーツ・クライミングの楽しさを満喫できること請け合いだが、いまやすっかり人気ルートになってしまって、日本人クライマーにもお馴染みのエギーユ・デュ・ミディ南壁レビュファ・ルートに匹敵するような盛況ぶりだ。出来立ての頃は、まだ知名度も低くて、レビュファ・ルートの混雑をよそに、ゆったりとクライミングが楽しめたのが、最近では、取り付きに順番待ちの列ができる。

フリゾン＝ロッシュ・ルートが先鞭をつけたかたちで、ブレヴァンには、その後も新しいルートが拓かれるようになった。なかでも注目は《ポエム・ア・ルゥ》。次々と作られるフリークライミングのルートは、名前を付けるのも楽しみの一つで、かなり凝ったのもある。ルゥは二〇世紀フランスの詩人アポリネールの恋人の名前で、「ルゥに捧げる詩」の意味。それに、ルート作者のフランソワとキャレン・パランドルのカップルのお子さんの名前をダブらせてルート名にしている。

やはりロープウェイ頂上駅から歩いて、フリゾン＝ロッシュ・ルートがある東壁を右に見ながら、あと一〇〇メートルほど下って南壁に回りこんだところが取り付き。下の街から見てもよくわかる、頂上駅に向かって突き上げる顕著な柱状の岩稜にそってルートが付けられている。標高差二三〇メートル、五ピッチで、最高グレードは6b＋だ。

デリケートなムーブのクライミングが中心だが、途中の二カ所にオーバーハングも出てくる。それほど大きなハングではないが、ムーブ的には面白い。最後に5cがある以外は、ずっと6a＋、6b、そして核心の6b＋と、6台のピッチが連続して、フリゾン＝ロッシュよりは、よりテクニカルで緊張感もあり、いちランク上のクライミングが楽しめる。

登了地点は頂上駅レストランのキャフェテラスの真下だから、シーズン中は、テラスで憩う観光客たちの熱い羨望の視線が出迎えてくれるだろう。

これらのルートを実際に登ってみれば、ほんとうにヴィア・フェラータにならなくてよかったと、誰もが拍手を送らずにはいられまい。シャモニらしさにこだわりつづけたのはガイドとしての意地だろうが、それも単なる感情の問題だけでなく、アルピニズムのあるべき姿についての明確なイメージがあったればこそだ。自然とどう付き合うのか、どうしたら人間は自然とパートナーになれるのか。アルピニズムが、人工施設を自然の中に造るのではなく、自然との共存をもとめる人間の意志を表現するスポーツであって欲しい。それがガイドたちの願いだった。

本物の山に登りたい。そんなアルピニストの心が生きている限り、山の自然を護り続けていく義務がぼくらにはある。そのことを実践し、新しいルートのかたちで表現してくれた見事な実例が、このブレヴァンにある。登るたび、ぼくたちは、光り輝くブレヴァンの岩壁に、山にこめるアルピニストの熱い想いが息づいていることを実感するのだ。

ドリュ

しかし、このように山の自然環境を護り続けていくということが、現代では、ぼくたち人間の手を超えて難しくなってきている現実があることも知らねばならない。そのドラマチックな場合を、ドリュに見ることができる。

『ザイルのトップ』にも登場するドリュは、アルプスの数あるピークの中でもその美しさによって際立っている。シャモニへ向から旅の道すがら、トンネルを抜けてシャモニの谷に入ったとたん、まずいちばんに目に飛び込んでくるのが、このドリュだ。ハッとするくらいに細くそびえ立つ、端正な尖塔形。文字通り〝針〟の山を網膜に焼き付ける鮮やかなスナップは、けっして色褪せることはない。

そのたぐいまれな美しさを、ギド・レイの筆が見事に描写している。（『アルピニズモ・アクロバチコ』河合享訳）

この尖頂は、変りやすい仙女のすがたを持っていて、一日の時間や、太陽の光線のうつりかわりにつれて、あらゆる姿を呈する。薄赤色の力強い裸体像であるかと思えば、霧のヴェールにつつまれた灰色の影ともなる。またある時は、手のとどくような間近なところにあるかと思えば、時には、空中の近寄りがたいはるかなところにいってしまっている。硝子の鐘の下にかこわれた華奢な水晶のように見えるかと思うと、あるいはまた、とある砂漠の砂の上にうちたてられた巨大なオベリスクのように思えることもあった。

まさにアルプスの美しさの典型を象徴するその形は「筆の二タッチでその輪郭がかける

ほど単純に思われるが、それでいて線を一つでもかえようものなら、実際の姿がかわってしまうほど完璧」なものになっている。シャモニ・ガイド組合のロゴの図柄にドリュが使われていることも、その象徴性の現れだろうが、さらに、ドリュは、登ることの難しさによっても、その存在を主張していた。

ドリュは二つのピークをもち、高いほうがグラン・ドリュで標高三七五四メートル、プチ・ドリュは三七三三メートル。一九世紀の後半、アルピニズム黄金期のあとにつづいた、より困難な登攀への挑戦が盛んになっていた時期に、ドリュはクライマー羨望の的だった。その登頂の歴史は、登山史の重要なページを占めている。

一八七八年、まずグラン・ドリュが登られた。翌年に、プチ・ドリュ。そして、プチからグランへのトラバースに成功するのは、一八九九年のことだ。わずか六〇メートルしか離れていない中間のギャップが、当時の技術ではなかなか越えられなかったためだ。その後一九〇三年に、このギャップの通過方法として《Z》の名前で知られるようになったルートが発見され、ようやくここに、クラシックな《ドリュのトラバース・コース》が完成する。『ザイルのトップ』でアメリカ人客が選んだのも、このコースだった。

その後、ドリュにはいくつものルートが拓かれ、ドリュはシャモニ針峰群の中でも最高にドラマチックなピークとなった。そして、登山史上不滅のドラマを残したのがボナッティだ。

ドリュの南西面を、六〇〇メートルの標高差ですっくと突き上げる一本柱の形をした南西柱状岩稜。初登頂者の名前を冠して《ボナッティ・ピラー》の名前で親しまれるようになったこの岩稜に、一九五五年八月、究極のクライマーと謳われたヴァルテル・ボナッティがソロで挑んだ。そして、六日間にわたる苦闘の末、ついに頂上にぬけ出る。

はじめてドリュに対面したときの印象を、ボナッティはこんなふうに記している。(『わが生涯の山々』近藤等訳)

ドリュは……ぼくには完璧なピークに思われる。その歴史はアルピニズムの歴史と深くかかわっているから、それだけでもすでに大きな関心を抱かせる。ドリュにおける最も新しい大登攀はフランス人たちによる一九五二年の壮大な西壁の初登だった。しかし、彼らのルートは——ぼくは最大の敬意を表明するが——大岩壁の中心からは外れていたので、手つかずで、挑発的な、南西柱状岩稜の目がくらみそうな存在は、さらに目立つようになったのだ。

このことは、ぼくにとって完璧なピークにまだ完璧なルートが残されているということだった。ぼくがソロ・アルピニズムの渇望に最終的に選んだ、理想的で、エレガントなルートだ。

そのとき弱冠二五歳のボナッティは「ソロ・アルピニズムの渇望」を心に秘めていたのだった。ザイルを結び合うパートナーは死神だけ、というほどに命をかけた孤独な冒険。それに彼を駆り立てた、特別な理由があった。

そもそもの始まりは一年前、一九五四年のK２イタリア遠征だった。アルディート・デジオを隊長とするイタリア隊は国家の威信をかけて、未踏のK２に挑んでいた。五〇年、フランス隊が人類最初の八千メートル峰アンナプルナを落として以来、八千メートル峰陥落をねらう国家どうしの競争は激しさをましていく。五三年には、エベレストがイギリス隊の手に落ちる。ドイツやスイスも、すでにヒマラヤで戦果を収めていた。次は、なんとしてもイタリアの番だった。

この遠征隊に、ボナッティは最年少の隊員として選ばれる。（『わが生涯の山々』近藤等訳）

ぼくはまだ二十三歳だった！　したがって、出発も真近いＫ２遠征隊は、手の届かない、すばらしい夢のように思われた。Ｋ２……、たとえ、現実に見る望みが持てないまでも、ひとりの男の全生涯を吸いとってしまいかねない、魅惑にあふれた、魔法の頭文字。

こうして、遙かな憧れを胸にＫ２に赴いたボナッティを待っていたのは、人生の「最も重要な転換期」となるような辛い経験だった。アタック隊で出発したラチェデッリとコンパニョーニのため、ボナッティはサポートに向かう。もう八千メートルをこえた場所でのことだ。しかし、打ち合わせしておいた地点に、アタック隊のテントは見つからない。それは、信じていた仲間の裏切りだった。猛威をふるいはじめた吹雪の中、ついに決死のビバークを余儀なくされる。

帰国してからも、成功のかげで、かえってボナッティのほうが、功名にはしった欺瞞的行為としての中傷にさらされてしまう。二カ月間の遠征を振り返り「Ｋ２からぼくが持ち帰ったものは、要するに豊富な経験という大荷物だった。豊富ではあったが、若いぼくにはたぶん、重過ぎるほどのものだった」と吐露するボナッティの胸中には、ただ惨めな挫折感だけが残った。深く傷ついたボナッティは、精神的なピンチにおちいる。その危機を克服するために企てられたのが、ドリュ単独登攀だった。

遠征の経験から組織的登山方式への不信を強くもったボナッティは、以後、ソロのスタイルにこだわるようになる。その奥底には、「他人を当てにしないこと、何ごとも自分ひとりで決定するのに慣れること、自分の物差しでものごとを見定めること、みずから率先してことに当たること」という、彼の《孤独の哲学》が秘められていた。

その結果成し遂げられたドリュ南西柱状岩稜初登攀は、登山史の神話になった。そして、ドリュの岩に刻み込まれたその神話と共に、《ボナッティ・ピラー》も永遠に存続するはずのものだった。

だが、ボナッティ・ピラーはもうない。大崩壊のために失われてしまったのだ。

大崩壊

二〇〇三年の夏、ヨーロッパは記録的な猛暑に襲われていた。暑さのため、冷房設備のととのわない老人ホームなどを中心に、一万人以上の死者がでたと発表されるほどの深刻な事態にみまわれた。被害は自然環境にも及んだ。アルプスの山岳地帯では、その様子はだれの目にも一目瞭然だった。山の雪が融け、氷が融け、氷河が消えていった。そして支えを失った岩がはがれ、壁が落ち、山が崩れた。崩落の轟きが、一日中、谷に谺《こだま》していた。

ドリュでも、その影響がただちに現れる。八月の初めに、西面の大崩壊が起こった。大量の岩塊がはげ落ちて、岩壁の形が変わってしまったことが、シャモニの街からもわかった。だが、それで終わりではない。その後遺症と見られる崩落が繰り返して起こる。シーズンが変わっても、警戒状態はつづいていた。ドリュを目指すクライマーは、いつ再発するかしれない落石の危険に常にさらされていた。

そして、二〇〇五年の六月、決定的な破壊だった。まさにボナッティ・ピラーを形づくっていた岩が崩れおちたのだ。それまで見事な岩の塔が聳えていたあとには、平らな表面が剥き出しになり、新たに出現した岩の層が太陽の光に白っぽい肌をさらけ出していた。

こうして、ボナッティ・ピラーは永遠に消滅した。

浸食による落石・崩落は、山にはつきものだ。しかし、これはもはや自然の浸食作用だけではありえない。フランスのメディア『ノヴォプレス』は、「自然な浸食作用だけが原因ではない。じっさい、地球の温暖化現象が、今回の崩落を惹きおこしたもとにあると考えられる」という、氷河学者などの専門家筋のコメントを伝えている。結果的に、岩の内部に堆積されていた永久凍土が融けはじめてしまった、と警告する人まで出てきていると聞いた。

もしこれがほんとうなら、事態は深刻だ。アルプスだけでなく、ヒマラヤでもこれと似たような現象が観測されている。氷河湖の崩壊による大洪水の危険も指摘されている。いや、そんな遠いところばかりでなく、身近な日本アルプスにも目を向けよう。ここでも、温暖化の影響が感じられる落石事故が、相次いで起こっている。このようにして、地球全体が壊れていくのだろうか。その原因になっているのは、人間自身なのだ。

山に親しみ山に触れ合っている者にとっては、こうした出来事を目の前にすると、ほんとうに大切なものが失われる悲痛な気持ちに捉えられてしまう。まさに、それは身につまされる感覚だ。他人事ですまされることではない。

クライミングをしながら、岩を愛おしむ気持ちが、また新たになってくる。

女だてらに・男だてらに

一〇月、山はもうすっかり秋の季節を迎える。

とはいっても、近頃は季節の境目がはっきりしなくなった。スーパーの棚には、一年をつうじて各季節の食材が並べられ、便利になった反面、季節感がめっきり減って、かつての旬《しゅん》の味わいが懐かしい。

越境

季節の区別もそうだが、ぼくたちの生活のさまざまなところで、区別というものがはっきりしなくなっていはしないだろうか。都市と田舎、おとなと子ども、日本と外国など、かつては、それぞれの領域に独特の伝統や文化があり、おとなはおとならしく、子どもは子どもらしく振る舞い、米のめしを喰い着物を着て畳の上で生活するのが日本人だったのが、今ではどうだろう。日本中どこにも同じようなビルが建ち並び、コンビニの無国籍化した食品を同じように食べ、幼児化したおとなと、まだこれからというのに、早くも老衰した風体の子どもたちとの間では、もはや年齢の秩序は崩れてしまっている。街角に流れる音楽を聞いたって、いったい日本の曲なのか外国の曲なのか、まず区別がつくまい。

このような区別の曖昧さということは、現代生活の特徴の一つかもしれない。そうだとしたなら、男女の区別の場合などは、さしずめその典型といってもよいだろう。街ですれ違った人が、見た目には男か女か判別できなくて、あれっ、とおもわず振り返ってみたなんていう経験はだれしもあることだ。今では、服装や化粧、それに言葉づかいなど、どれも区別のしるしにはならない。男が化粧し、女がオレ・オマエで話すなんていうのも、もはや当たり前だ。

《文化の越境性》、ちょっとカッコつけてそんなふうに語られることもあるが、最近では〝越境〟という言葉自体が流行りにもなっている。インターネットを検索すれば、「越境するポピュラー音楽」「越境するダンス」「越境するマンガ」、はたまた「隣の屋根が越境」とか「越境入学」（アッと、これは昔からあるか！）など次々に出てくる。要するに、さまざまな領域で境界がはっきりしなくなっているからだろう。

もちろん、それを、情報化したグローバリゼーションの生み出す現象と理解することも可能だ。グローバル化された世界の中では、さまざまな情報が飛び交い、コンピューターとインターネットの発達によって、ほとんど瞬時にしてあらゆるものへのアクセスが可能になった。

でも、それだけではあるまい。そもそも人間は、何らかの意味で境界を踏み越えてみたいという欲求を、常にもちつづけていた。いや、むしろ、それこそが冒険精神の源だったともいえる。あらかじめ引かれた境界線とは、自分に割り当てられた領域と、その外にある本来立ち入ってはならない領域とを区別するものだ。境界の向こう側、禁じられた世界が、そこにある。だとすれば、あえてその禁を冒して外の世界に越境していく禁断の誘いは、まさしく魅惑的だ。ただ、その結果、どんな危険が待ち構えているかはわからない。

山に登りたいという欲求も、本来、これと同じ性格をもっている。ことに近代の西欧に始まったアルピニズムの場合、そのことがあてはまる。近代以前の西欧では、山が、宗教的な理由から人の踏み入ってはならない禁断の場所であり、神に逆らう悪魔が支配する領域だったことは、これまでもみてきた。その禁止の掟にあえて背くことが、近代の山登りの始まりだったわけだ。

女人禁制

ほかの冒険もそうだが、こうして未知の山に挑戦したのは、最初、もっぱら男に限られていた。講を組んでの信仰登山など、古くからずっと登山が盛んだった日本でさえ、江戸時代の頃までは、富士山を初めほとんどの山が女人禁制の掟によって女を排除していた。明治以降になっても、アルピニズムの女性への開放はずっと遅れている。

坂倉登喜子・梅野淑子著『日本女性登山史』には、日本の女性が山に登るについて障害となった「四つの難関」が挙げられている。女人禁制の掟、〝女だてらに〟という差別意識、社会的・経済的地位の低さ、それに体力的ハンディキャップ。

この中でいちばんやっかいなのが、女人禁制だろう。数年前にも、当時の大阪府知事だった太田房江氏が相撲の本場所の表彰式で土俵にあがろうとしたら、女人禁制を理由に拒否されるという事件があった。女性差別ではないかと抗議する知事側に対して、相撲協会は、相撲は「神事」であり、土俵は「結界された聖域」とされ、不浄な女性の立ち入りを禁ずることは日本の文化的伝統だと説明している。

女人禁制とは、神社や寺、霊山など神聖とされた場所、または祭の場などへの女性の立ち入りを禁じる風習で、ずいぶん古くから行われていたようだ。起源は、確かなことは不明だが、女性が修行の妨げになるとか、山の神は女性だから山に入る女性を嫉妬するとか、各説ある。いずれにしても、何らかのかたちで、女性を穢《けが》れた存在と見なす考え方に通じている。ことに山の場合では、神聖で信仰の対象とされた《霊山》には、女人禁制のものが多くある。その場合、ここまでは女性も入ってよいという領域と、ここから先は立ち入ってはならぬという領域とをわける境界を「女人結界」と称して、その場所に「女人境界石」をたて限界を表示していた。

女人禁制の山としては、奈良の大峰山が有名だ。修験道の祖とされる役小角《えんのおづぬ》（役行者《えんのぎょうじゃ》とも呼ばれる）が、七世紀に開いたと伝えられている。ここは、古来から修験者たちの神聖な修行の道場だった。修行に女などいては邪魔になる、近寄ることまかりならぬというわけで、今日でもなお女性への開放を頑強に拒みつづけている。

二〇〇四年、この山域がユネスコの世界遺産に登録された。これを機会に、前年の二〇〇三年、市民グループにより「世界文化遺産登録にあたって『大峰山女人禁制』の開放を求める会」が組織された。時代にそぐわない因習を改めることを主張する会側に対して、両者山側では、女人禁制を含めた大峰山の伝統が文化的な価値をもっていると主張して、両者が対立した。また登録後の二〇〇五年には、「大峰山に登ろうプロジェクト」のメンバーが、女性を含む大峰山登山を企画。山側の中止の求めにもかかわらず強行して、それをメディアが取り上げるという事件が起きている。

まさに女人禁制の代表格といった感のする大峰山だが、「フラット人権情報ネットワーク」のサイトでは「地元に伝わる女人禁制の起源」として、こんな言い伝えを紹介している。

大峰山で修行に励む役小角を案じた小角の母親が、麓の町・洞川に住む小角の弟子を伴い、大峰山に登ろうとした。谷にさしかかったところ、大蛇がいた。二人が谷を渡ろうとすると、大蛇は大きな口を開けて襲いかかろうとして、行く手をふさぐ。二人はあきらめて洞川の里に引き返し、里に庵を結び、大峰山に手を合わせて小角の無事を祈った。すると、光の中から「阿弥陀如来」が現れ、「お前たちは小角の修行を妨げてはいけない。小角が下山するまで里で待ちなさい」と告げた。以来、その谷が蛇ケ谷と呼ばれ、女人禁制の結界口と定められた。里人は庵跡に堂宇を建立し、「母公堂（ははこどう）」と呼ぶようになった。

いかにももっともらしい、権威付けのための言い伝えとしては模範的なものだろう。それはそれとして、たしかに「女人禁制」が文化の一形態だという言い方は、可能かもしれない。ただし、あくまでも歴史遺産としての話だ。それが、現代の社会生活の中にも生き続ける伝統文化だとか、はたまた、それによって実際に女性の権利を制限したり不平等を認めるようなことがあるとしたら、けっして許されるべきではない。

ちょっと視点を変えてみよう。男子禁制のほうだが、尼寺など、一定の範囲で男の立ち入りが禁止になっている場所がある。でも、だからといって、それが男に対する差別だという抗議の声が挙がっただろうか。

たぶん、あるまい。男子禁制とは、女人禁制のように女はケガレているとか修行のジャマだとか、男の都合で決められたことではなく、まったく反対に、女性を男の脅威から保護し、命と権利を守るためにあるものだからだ。尼寺に押し入り尼さんたちに狼藉をはたらくのは男だ。だからこそ、男子禁制が必要になる。

ちなみに、インターネットで検索してみるといい。「男子禁制」と入れてクリックしたとたん出てくるのは、〝男子禁制女子寮盗撮〟とか〝女秘書男子禁制ナイショ話〟とかいったアヤシイたぐいのものばかり。これが何を意味しているかは明らかだろう。実際には、男子禁制までもが男の欲望を充たす口実になっている。そこには、肉体的な暴力によってではないかもしれないが、想像や想念の中で、その禁制をやぶって侵入することに快感を求める男の顔が透けて見える。だからあえて言えば、男子禁制だって、結局は、男尊女卑的な文化が生み出した一現象だったわけだ。

男尊女卑社会の歪みのなかで、本来、男子禁制は女性を保護するための仕組みとして存在した。それに対して、女人禁制は、女性を差別し、その上に乗っかった男の権威を高めて、男尊女卑社会を強化するために存在した。だから、女人禁制がたしかに歴史的文化遺産であるとしても、負の遺産であることは否定できない。この点は、はっきりさせておきたい。今も残っている大峰山の〝結界石〟は、胸をはって文化遺産の看板を掲げられるようなものではなく、過去に犯した差別の事例として、あくまでも〝負〟の記憶を忘れないために改悛の念をこめて、そこに置かれることが許されているにすぎない。

女も山に登る

だから、女性が山に登るということは、まさしく《越境》としての意味をもつものだった。越えてはならない境界を示す結界石は、その象徴だ。明治の近代化により、そうした女性差別的な風習を是正しようとする動きが見られるようになり、女人禁制についても、一八七二年の太政官布告に、これを廃止することが謳われている。これによって、とりあえず女性の登山が解禁されたわけだが、しかし、大峰山の例でもわかるように、百年以上たった現代でさえ女人禁制は残っている。

また、一般的な登山でも、女性登山者の数はなかなか増えなかった。

一九〇五年に日本山岳会が設立されるが、ここは、最初から女性にも門戸を開いていた。『日本女性登山史』によると、女性会員の第一号は野口幽香とされている。幽香は、幼児教育の先駆者といえる人だ。この当時、幼稚園には、富裕な子どもしか通えなかった。そこで、貧しい家庭の子育てを援助する施設が必要だと気づき、「貧民幼稚園」の理念のもとに、一九〇〇年、スラム街の子どものための二葉幼稚園（後に、二葉保育園に改称）を設立する。士族の子女で幼い頃よりキリスト教的な教育を受けて育ったという、いかにも日本の近代化を象徴するような女性だが、そうした人物が登山に興味をもったのも、アルピニズムという西欧渡来の目新しいスポーツに、近代化の息吹を感じ取ったからなのだろうか。

ただ、日本山岳会の会員数で見ると、百人そこそこでスタートした会員数は、一九一六年の時点ですでに一〇七九名にまで増えていたものの、その中で女性会員はわずか五名にすぎない。ここにも、女性登山者の数が伸び悩んでいる状況が見て取れる。

日本山岳会の設立の立役者の一人だった小島烏水は、一九〇七年、雑誌『女子文壇』に「婦人の登山」という文章を寄せて、女性の登山を奨励した。烏水は「登山の利益とか、快樂とかいふ點にかけては、人類一般に共通的のもので、兩性の孰《いずれ》かに偏すべきでなかろう」と述べる。彼が、普遍的な「人類」という観点から、両性をまったく平等に見ていることがわかるが、旅行する機会さえほとんど許されていなかった当時の女性の事情に言及して、高山が「宇宙を短縮」した形で自然のあらゆる光景や変化を経験できることから、「少くとも婦人には、この意味に於て登山ほど、天然を観察し得る便宜を、有したものは無いと信じます」と説く。

碧《あお》く見える空、鮮明に輝く星、パノラマのやうに展開する山下の地、絲のやうに細い川、氷の海のやうな雲、觀《み》れば觀るほど、平生の自分の眼力も怪しまれるばかりに愕《おどろ》かれます。そして、胸が爽然《さつぱり》として、清い風が吹き通しに吹きます、生まれ變つたやうな氣持になります。此《この》快感は、平生自家を以て天地とするやうな境遇の婦人には、一倍多く與へられるだらうと思ひます、……一躰に見聞の狹い、話種の少ない婦人に、大《おほい》なる自然の働きを見せるといふことは、最も必要で、興味のあることとおもひます。

烏水らしい開明的な女性観が披露されているが、しかし、周囲の時代状況は、それを受け入れるほど開けてはいなかった。女性登山が活発になったのは、ようやく昭和になってからのことだろう。

では、富士山に最初に登った女性は誰だったのだろうか。日本一の富士山だが、例の太政官布告で解禁になるまでは、厳しい女人禁制の霊山だった。登り口には「改め所」が設置されて、「罰当たり」な女人の見張りをしていた。

『日本女性登山史』によれば、富士登頂女性第一号は、幕末の駐日イギリス公使サー・ハリー・パークスの夫人だと信じられていたが、実は、それより早く日本の女性が登っていた。名前は高山辰。パークス夫人の富士登山は一八六七年一〇月一日、二週間後に大政奉還がなされるという文字通り維新前夜の出来事だったが、高山辰はその三五年前の一八三二年に登ったとされている。

辰は、当時二四歳、現在の新宿に在住していた富豪の娘だが、そんな彼女を富士山に登らせようと思いついたのが、小谷三志という富士講の行者だった。富士講は江戸期をつうじて庶民の間に広がり、一シーズンの登山者の数は八千人にもなったと言われているが、もちろんその数に女性は含まれていない。三志が女性を富士に登らせたいと考えたのには、はっきりとした目的があった。『日本女性登山史』には、こう書かれている。

この富士登山は、「女人禁制」への抵抗として、否、もっと積極的に「女性解放」へ向けて決行されているのである。

三志は、働く女性の尊さや男女平等、四民平等を信徒に説き、女よ自信を持て、女は力を持っていると説いた。三志は、武州足立郡鳩ヶ谷……の出身で富士信仰の道で苦行修法をしていたが、江戸の参行という行者に教義を受け、四民平等、男女平等論を学んだ。参行の教えの継承者となった三志は各地での遊説や社会奉仕の奨励などにより、多くの優れた女性弟子を育てたのだが、その思想を実現するために、女人禁制の悪法を改めさせるべく、富士山へ女性を登らせることを計画したのである。

登山の時期を一〇月二〇日にしたのは、通常の夏のシーズン中に決行した場合に予想される、周囲とのトラブルを避けるための配慮だった。だが、一〇月後半と言えば、富士山はもう冬のコンディションになっている。じっさい、辰は、すでに雪のつもった道を苦労して登ったと伝えられている。

このあとも富士の女人禁制は存続するが、どうやら幕末の頃になると禁制にも抜け道ができるようになって、女人の登山もいくぶん大目に見られていたらしい。中腹までならおおっぴらに行くことが許され、その中には頂上まで登ってしまう者もいた。そんな女性たちを、わざと見逃していた記録さえ残っている。富士山だけでなく、ほかの女人禁制で有名な白山や立山でも、同じような女人の登山に関する記録が残っていて、徐々にではあるものの女人禁制がゆるんでいった状況がうかがえる。

モンブランの姫君たち

では、ヨーロッパ・アルプスの最高峰モンブランに最初に登った女性は誰だろう。

シャモニのはずれに、マリー・パラディという娘がいた。『三銃士』で有名な小説家アレクサンドル・デュマはシャモニに旅行した時、宿屋で働いていた彼女に会って、自分がモンブランに登った初めての女性だという話を聞く。
登ったのは一八一一年（〇八年、〇九年など、異説もある）七月一四日。バルマとパカールによる一七八六年の初登頂の二五年後のことだ。ただし、一八歳の彼女が自分からそんな無謀なことを考えついたのではなく、周りにそそのかされてやってしまったということだったらしい。（コレット・コニエ『アンリエット・ダンジュヴィル―モンブランの姫君―』より）

ガイドたちが私に言ったんですよ。「お前は好い娘《こ》だね。お金が要るんじゃないかい？　なら、オレたちと一緒に来いよ。あのてっぺんまで連れてってやるぜ。そしたら、お前を見に、いろんなところから人がやってくる。そして、小遣いをくれるんだ。どうだ、いいだろう」てね。

マリーを有名にして、多分自分たちも一儲けしてやろうと考えたガイド連中が仕掛けたわけだ。彼らに連れられて出発したマリーは、途中から苦しくて登れなくなり、最後は、ガイドに背負われて頂上まで運びあげられた。こうして、マリーがモンブランの頂上に立ったことは本当のようだ。

その結果、マリーはそれなりに有名人にもなれた。シャモニを訪れる旅行者は「この人があの〝モンブランのマリー〟だ！」と、彼女を見にやってきたし、彼女のほうでも、そうした旅行者相手にパンや果物を売って稼ぎにしていた。ただ、だからといって、慎ましい境遇を一変させるほどの名声を獲得したわけではない。その後、マリーは義理の娘と一緒にささやかに暮らし、ふたたび高い山に登ることはなかった。

マリー・パラディの登頂のさらに二七年後、モンブラン登山を、ほかならぬおのれ自身の意志にもとづいて企てた女性が現れる。アンリエット・ダンジュヴィル、シャモニのあるサヴォワ地方からあまり遠くないアン県の田舎町で一七九四年に生まれた。父親は、ダンジュヴィル伯爵、高位の貴族だ。時は、フランス大革命のさなかで、フランス全土に恐怖政治が渦巻いていた。この父親も、ただ貴族というだけの理由で革命政府から嫌疑をかけられ、母は、産室に見張りの憲兵が立ちあう衆人環視のもとで彼女を出産した。

貴族には厳しい時代だったのだ。身内の中にはギロチンで命を落とした者もいた。財産は召し上げられ、貴族の体面も失われていた。アンリエットがモンブランの絶頂を求めた心理には、おのれの名を高めることで、いささかなりとも傷ついた自尊心を回復したいとする願望があったのかもしれない。

だが、それにしても大胆な計画を思いついたものだ。一九世紀半ば、モンブラン登山は、文字通り命がけだった。前世紀末の初登頂以来、半世紀の間に登られた回数はわずか二一回、二年に一度の割合ということなのだ。しかも、女性がそんな危険に身をさらすなど、常識を超えた狂気の沙汰でしかなかった。とりわけ、女性特有の生理に対する誤った理解もあった。当時の医学では、高山の過酷な環境と、そうした条件での度を超えた肉体の酷使は、女性の身体に深刻な影響を与え不妊になると信じられていた。

だから、アンリエットがモンブラン登山を口にした時の周囲の驚きは、想像にかたくない。思いとどめさせようと、説得の、いや非難と叱責の声が渦巻く。そうした反対を押しきり、おのれの意志を貫いて、アンリエットは自分の計画を実現させたのだ。その意志の強さには、ただ驚嘆するしかない。

アンリエットがいちばん仲良しだった弟のアドルフに語った、こんな言葉が残っている。

（コレット・コニエ『アンリエット・ダンジュヴィル――モンブランの姫君――』より）

女の人生は、十歳ごとに変わっていくものなのね。二十歳で、若妻か、でなければ結婚を待つ娘。三十歳では、熟年の妻か、オールド・ミス。四十になったら……、もうおしまい。五十からは老人の仲間入りをして、六十では、ただひたすら老いていくだけ。七十歳、もし生きていたとしても、老衰の苦痛を耐え忍ぶしかない。あとは、あの世往き。わたしは、五十歳も生きられればじゅうぶんだわ。そのあと惨めになるしかないなんていうのは、ごめんだから。自分の人生は、快適なうちは大事にするけれど、辛いだけの人生なんて、わたしは要らない。もうたくさんよ。

うら若き女性にしては、ずいぶんと醒めた口ぶりではないか。まさしく、アンリエットは《啓蒙主義》を経験した時代の女性だった。そこには、結婚して妻となり母となるしか、その価値を認められていなかった女性の境遇をしっかりと見抜く、開かれた精神の目をそなえた女性の姿がある。そして、その境遇に唯々《いい》諾々《だくだく》と従っているだけの人生を拒否する主張がある。

当時進行していたフランス革命も男性優位であることに変わりはなく、女性は脇に追いやられていた。そうした革命の状況を批判する女性革命家のオランプ・ド・グージュは

『女性及び女性市民の権利宣言』を発表する。それは、一七八九年、革命の成果として国民主権と法の下の平等を確立し、個人の基本的人権を高らかに謳いあげた『人間と市民の権利宣言』（通称『人権宣言』）に言われる「人間」が、実は「男」を意味し、「女」はそこから排除されていることに対抗するものだった。

やはり、同時代の女性テロワーニュ・ド・メリクールは、革命下で婦人クラブを作り女性の立場からの革命運動を進めようとした。しかし、革命を指導していたジャコバン派はそれを認めず、女は家庭に入るべきだとして、テロワーニュの婦人クラブの閉鎖を命じた。その後も活動を続けようとするテロワーニュはさまざまの迫害を受け、ついには精神を病んでしまう。精神異常者の烙印を押された彼女は、監獄まがいの精神病院に収容され、屈辱の中でその生涯を終えた。

オランプ・ド・グージュの場合とて、より幸せな運命が待っていたわけではない。彼女もまたジャコバン派から反革命とみなされ、ギロチンにおくられている。

女が自己主張しようとすれば、激しい社会の抵抗を覚悟せねばならなかった。アンリエットには、それがわかっていた。むしろ、だからこそ、いっそう強くおのれに忠実に生きてみたいと思ったともいえる。彼女は常に何かを求めていた。たとえ許されなくても、自分らしさに憧れる心のうずきが湧き上がってくるのを抑え込むことはできなかった。アドルフには、こうも言っている。

だって、そうでしょ。わたしたちは、ずっと砂のお城を造ってきたのよ。意地悪な風が吹いてきて、それを壊してしまう。造っても造っても、壊してしまうの。それでも、わたしたちは、その残骸の上にまた新しいのを造り直していくでしょう。人生はそうやって過ぎてゆく。幻想から幻想へとたどりながら、わたしたちは、現実の代わりに、それで満足しなければならないのね。

とはいうものの、ほんとうにそんな幻だけで彼女が満足できるはずもなかったろう。ときめく心のままに「砂のお城」を追いかけていたアンリエットのまなざしの彼方に、そんなものよりも遥かに高く聳える存在が現れてきた。それがモンブランだ。

その後、彼女はスイスのジュネーブに移り住む。天気の良い日、市街からはモンブランの頂きが見えた。それを見ると、胸が高鳴り、心臓が締め付けられるような息苦しさに襲われたという。アルプスの自然に囲まれたジュネーブでの生活の中で、彼女は、モンブランへの思いを育んでいった。

そこには、信仰上の理由も科学的な動機も見当たらない。そこにあるのは、自分らしさに憧れ、自分らしさを実現したいという欲求へのこだわりだ。女性に対する差別的な状況が存続する中で、女性が女としての自分を主張しようとするためには、あえて女らしくないことにチャレンジすることが必要だった。社会が認めた女らしさの範囲内にとどまっている限り、新たな可能性は生まれてはこない。やはり、限界を突破しなくてはならない。こうして、アンリエットは、おのれの心が促すままに、《女性》の前に引かれていた境界線を踏み越えていったのだ。

そして、一八三八年九月四日、アンリエットはモンブランの頂上に立った。頂上からの景色は美しかった。未知の世界にじかに触れる体験の中で、ほんとうに美しいものと出逢えた快感を、その時、アンリエットははっきりと感じていた。

だから、越境の挑戦によって出逢ったさまざまな美しいシーンを、彼女は想い出のキャンバスに描き込んでいくことにしたのだ。彼女の挑戦はモンブランにとどまってはいない。そのあとも、彼女は幾度も山に戻ってきて、登りつづけている。三二一四メートルのオルデンホルンに登ったのは、なんと七〇歳の時だ。こうして、アンリエットのキャンバスには、次々と新たな作品が描かれていくことになった。アンリエット・ダンジュヴィルという一人の女性が生きた軌跡を描き出すそれらの作品は、心の中に所蔵され、記憶のギャラリーに展示される。

それが、彼女の「心の美術館」だ。

こんな心の美術館をわたしが造ったからといって、笑わないでほしい。それは外には見えなくても、たしかに現実のものなのだ。美というものは、美しい人間だろうと美しい物事だろうと、わたしの気持を心地よく捉えて、記憶からけっして消え去ることはない。だから、それが心に焼き付けられたずっと後になっても、そうして描かれた絵の一つ一つを取り出してみれば、細部にいたるまで再現することができる。

モンブランは、彼女の最高傑作として、その真ん中に掲げられていたにちがいない。

それらの作品と共に、アンリエット自身の肖像画も、その作品の一つに数えてよいだろう。実は、モンブランを登った時の彼女の姿が、実際に絵に描かれて残っている。それは、当時の女性が何を着てどんな装備で登ったかを知るうえでも面白い。

女性が山登りをするなどという〝お転婆〟なことがまったく想定されていなかった時代のことだから、女性用の登山ウエアなどあるはずもなかった。いや、男性用のウエアだって、厳密な意味ではまだ存在していなかった。普段着の中から、丈夫で動きやすくて暖かいものを適当に選んで着ていたに過ぎない。しかし、女性の場合は、そんなに簡単ではなかった。自分の好きなように適当に選ぶこと自体が許されていなかったからだ。

それが、ほかでもないスカートの呪縛だった。当時の社会の約束事では、女性はスカートをはくもの、男性はズボンときまっていた。それを取っ替えっこするなど、社会通念上とうてい許されなかった。だから、さすがのアンリエットも、スカートを脱ごうなどとは思いもよらなかった。

だが、あのコルセットで締め上げた巨大なスカートを思い浮かべて欲しい。あんな格好でモンブランに登れといわれたら、だれだって尻込みせざるをえまい。平地でさえまともに歩けるものではない。そもそも女性の服装というのは、男のエゴで、女性の行動の自由を奪うことを目的にデザインされている。というわけで、ウエアをどうするかは大問題だった。

それを、アンリエットは自分でなんとか工夫した。「丈夫さと、暖かさと、動きやすさに加えて、品位を保ったもの」にデザインしたとは、彼女自身によるデザイン・コンセプトの解説だが、要するに、ワンピースの下に長めのニッカーボッカーを重ね着したと思えばよい。彼女は、それまでの山歩きの経験から、スカートでモンブランを登ることは不可能なことを理解していた。しかし、社会の掟があってズボンをはくのもダメ。そのあたりの折り合いをつけるための苦肉の策だった。

頭には大きな縁付きの麦わら帽をかぶり、たぶんその下に、はじが首までのびたニット帽のようなものをもう一つかぶっているらしい。アンリエットの記録には「フランネルの縁なし帽。裏ばりがしてあり、黒の毛皮がついている。二重の緑色の薄布の幕が縁のところに縫い付けてあり、下にはクリス（ひも通し）があって、首のまわりで締められるようになっている」との説明がある。さらに、ほとんど膝までとどく長いマフラーをして、手には「シャモワ（アルプスの野生ヤギ）の角の形をした鉄カギがついた最高級のストック」を握り、すっくと立ったところが、絵には描かれている。みずから《モンブランの婚約衣装》と名付けた、その特製ウエアを身にまとうアンリエットは、まさに一世一代の晴れ姿であった。

アンリエットには、その後女性が高山に登るチャンスが増えることを見越して、そのための参考にしてもらおうという意図もあったのだろう。「わたしがモンブランのために特別に作らせた服装は、肌着から外套、足から頭まで、以下のようであった」といって、きちんと一覧表を作成している。

「ぴったり肌に密着する長袖の英国製フランネル肌着上下」から始まる一覧表を見ると、素材はウールと絹が主で、それらを重ね着して寒さ対策をしていることがわかる。また、たとえば靴下はまず絹のものをはいて、その上にウール製を重ねると、暖かさの点でも動きやすさの点でも具合がよいといった指摘もあり、これは、あとに続く女性アルピニストへのアドバイスだ。他に、シャツやベルトや手袋など、全部で一八点の衣類が細かくリストアップされ、最後は「ごく薄手の黒ビロードでできた覆面。目のところに、濃いブルーの眼鏡がついているもの」とある。コニエの注では、リストにあるものを全部身につけると、しめて一〇・五キロになると計算している。

アンリエットは一覧表を説明したあとに、「服装についてはこんな具合だが、およそ見場が良いとはいえない。登頂後の二日目に、この格好でグラン・ミュレまでは戻ってこなければならないが、その先シャモニの町へは、じゅうぶん女性らしい衣装に着替えていくつもりだ」と補足しているのをみると、やはり彼女自身、せっかくの「婚約衣装」だったが、あくまで登山用で、そのまま街中を歩くのはためらわれたようだ。

ウエアに続けて、装備についても同じように、二〇項目にわたるリストを作成している。身の回りの小物を入れるためのバッグ、ナイフ、メモ帳など、ごく当たり前のもののほかに、かなりケッサクといえるのも混じっている。たとえば、「歩いていてかゆくてたまらなくなった時に身体を擦るためのブラシ」、西洋まごの手？　いや、あの衣装では、服と身体の間にブラシを差し込むのは、とうてい無理。きっと服の上からゴシゴシとやったのではないか。隔靴掻痒ならぬ、隔「服」掻痒。次は、「巨大サイズのウチワ。人に扇いでもらう」時に使う。もちろん「小さなサイズのウチワ。自分で扇ぐ」時に使うのも、ちゃんと入っている。よく中国の皇帝なんかの脇で、ウチワをもった従者が立っている絵をみるが、彼女もあんなふうにして、ガイドに向かって「暑いからちょっと扇いでたもれ」と言いつけたのだろうか。もう一つ、「高性能の遠メガネ」、要するに、望遠鏡のこと。一生に一度のモンブラン頂上。思う存分眺望を楽しむには必要不可欠のアイテムと思いきや、その使用目的がふるっている。「登攀中、下から自分らを見物している野次馬たちを、こっちのほうから見物してやる快感を得るためのもの」とある。ユーモアとも皮肉ともとれるが、アンリエットという女性の性格を彷彿とさせるコメントだ。

もちろん、アンリエットは最後まで自力で登った。頂上直下の最後のピッチを、彼女はこう記録している。

九時半にミュル・ド・コートに着いた。ここから、すさまじく辛くなる。特に意外だったのは、急な眠気と闘わなければならなかったことだ。それに、歩くと動悸が高まり、無理して歩き続けようとすると息がつまりそうになった。ガイドたちには、たとえ私が死のうとどうしようとかまわずに、必ず頂上まで連れて行くように約束させた。彼らは、わかりましたと言って、私が頑張り続けるのをサポートしてくれた。こうして、信じられないほどの労苦のすえ、一時二五分に頂上に到達した。

じじつ、途中ではほとんど歩けなくなって、ガイドが「担いで差し上げましょう」と提案したこともあった。それでも「遺言状」まで残して登ろうと決心したモンブランであれば、ガイドの「担いでやる」のひと言に、ただちに彼女は「人の背に負われて登った頂上などまったく無意味です！」と言い放っている。

憧れの頂上では、ガイドたちが互いに組んで差し出した腕の上に立ち上がって、「モンブランの頂上よりももっと高く」そして「私以前に登った殿方たちよりももう少し上に」なる快感さえ味わわせてもらった。「ピストルの音よりも大きな音」がするキスをガイドたちと交わす彼女の姿は、溌剌として自由だ。ガイドたちとも、分け隔てなく付き合っている。グラン・ミュレでドレスを脱ぎ捨て登山装束を身につけた瞬間から、彼女は、地上での地位や男女の区別をはなれて、一人のアルピニストになっていたのだ。

じっさい、山では、男女の区別をあまり気にしないものだ。いったん山に入れば、もはや男だの女だのかまってはいられないのが実情。オンナっぽさを振りまく余裕などすっ飛んでしまうし、オトコのほうだって、いちいちオンナを意識していたら何もできまい。同じ部屋にザコ寝は当然だし、トイレだって一緒のテントの隅っこでいたすこともあるわけだ。もはや、そこでは、男と女を分け隔てる境界線は無視されてしまっている。

山では、男も女も互いに越境し合っているといってもよい。男の領分、女の領分の区別なく、同じ仕事を互いに平等に分担する。だれもが料理もすれば、重い荷も担ぐ。女だてらにそんなはしたないことはおやめなさい、と言わない代わりに、そんな女みたいなことを男がやるんなて、と言ったりもしない。

スカートを脱いだ女性

だが、それにしても、スカートの呪縛から女性が解き放たれるまでには、かなりの時間がかかっている。山登りには具合の悪いスカートだが、この女のしるしを脱ぎ捨てたのはいつだったのだろうか。

アンリエット・ダンジュヴィルは、まだスカートをはいていた。それで、下のズボンを隠していた。その後も、このパターンは継続されながら、時間とともにスカートの丈が短くなっていったらしい。今井雄二氏の『スカートをはいたクライマーたち』では、このあたりの事情についてこう書いてある。

一九一〇年ごろ……クロード・ベンソンという人が、『イギリスの登山家』という本を書いて、その中に「婦人のための登山術」という一章を設け、服装についても、くわしく述べているが、スカートをやめよとは、いいきれないでいるようである。「スカートはごく短く、少なくとも地上から五、六センチにして、クライムにかかるときは脱いでザックにしまう。クライミングにスカートはまったく意味がない」

ビクトリア朝風の保守的な社会コードが、クライミングの都合よりも重視されていたことがわかる。それが決定的に変化したのは、戦争の影響だった。第一次世界大戦の勃発期、出征した男たちのあとに残された女性は、否応なく男にかわって、社会機能を存続させるためにあらゆる役割をになわされることになる。もはや、女だから、などといってはいられなくなった。労働にさしつかえるスカートは、戦争遂行の妨げになる。こうして「女性の職場への進出が彼女たちにスカートを脱がせたのであった」と、今井氏は結論づけている。

そして、女性にパンタロンをはかせたココ・シャネルのファッションが一般社会で話題になるのが、やっと一九二〇年代以降のことだ。

山では、それよりも早く、スカートをはかない山女の姿は山男たちの間で好評をもって迎えられていたという。ふもとに脱ぎ捨てられたスカートは、限界を越えて頂上をめざしていった女性たちの越境する意思の証しにほかならなかった。

だが、現在では、もう服装に、かつてのような社会コードの役割は薄れてきている。その反面、ファッションとして何を着るかが大問題だ。山小屋も、いまや登山ウエアのファッションショーの場と化してしまった。

男女の区別が、社会的なレベルで曖昧になり差別的な意味でなくなったのはよいことだが、ただし、生物学的な区別は依然として残っていることも忘れてはなるまい。男と女があるかぎり、というよりも、男と女しかいないからには、その違いにこだわることもあってよいと思う。秘密の領分が残っていればこそ、未知の冒険に魅せられる越境のときめきが、男と女の好い関係をつくりあげることもありうるからだ。

かつて越境は、新たな地平への解放と冒険を意味していた。さまざまなところで境界が消えつつある今、ことさらに越境が話題になるのは、境界の彼方をめざす冒険への促しが、ぼくたちの中で弱まってきているからかもしれない。

古くさい男と女の関係はもう解消したというなら、次には、進化した男と女のインターフェイスでの展開が、境界の感覚を喪失しつつあるぼくたちに、新たなときめきを甦らせてくれるのだろうか。

地球の資源・自然の命

十一月、落ち葉のさざめきに歩をあわせて忍びよる冬の足音に、ふと気づく頃、秋も、もう終わりなのだ。

季節とともに、一年が去りゆこうとしている。

山では紅葉はどうなっただろう。日本の紅葉はまさに格別、錦繍《きんしゅう》の喩えどおり、これほど絢爛豪華な自然の彩りはほかにあるまい。この時期にもなれば、都会の街路樹まで色づいている。山ではとうにおしまいだろうか。そう思うと、また山が恋しくなる。

マドンナの庭

高層建築の乱立する都会からはなかなか山が見られなくなってしまったが、ひと昔前までの東京では、ちょっと高いところに登ればよく山が見えたものだった。田中澄江さんも

「高村智恵子は、東京には空がないと嘆いたけれど、私の子供の頃、大正から昭和にかけて、東京の高いところからは、北に筑波山が見え、日光の男体山が、赤城、榛名が、武甲山が見え、西に大岳、御前山、大菩薩、小金沢連嶺が、また相模大山、丹沢、箱根、天城の山々が見えた」と書いている（『花の百名山』）。もちろん、富士山もよく見えた。

朝、家の二階の雨戸をあける。すると、朝日の澄んだ光の中に、まわりの山がくっきりと照らし出されている。そんな光景が、セピア色の想い出の一シーンではなく、輝く青空の現実だった時代があったのだ。その中で、富士の端正な姿はいちだんと印象的だった。たしかにぼくたちは、あの時代、日頃から眼にうつる山と親しみながら、彼方への思いをつのらせていた。もう雪がきたらしい。葉が落ちて、春までの間、彩りの途絶えた山。枝を鳴らす風の音が聞こえる……。

田中さんの庭には、山に咲く花があり、季節ごとに山の消息をつげていた。そんな花と語らいながら視線を遠くの山に移していくと、そこに、幼くして失った父の面影が重なって、彼女にとってかけがえのない別離と出逢いの想いがこみ上げてくる。（『花の百名山』）

あこがれの思いを募らせたのは、自分の家の庭に、山で咲くレンゲツツジ、ヤマツツジ、ニリンソウ、リンドウ、ギボウシ、フクジュソウなどが、折々の季節を知らせて咲き、庭を分断して千川上水が流れ、六歳で死に別れた父が、健康なときに登った山の話を、庭を歩きながらよくしてくれたのがもとだったように思う。

こんないい花を山へ行って見てみたい。きれいな水がたぎち流れる谷川で遊んでみたい。叫ぶと木魂《こだま》が返ってくるという。木魂ってどんな声をしているのかな。ウサギやサルにあえるかな。どんな蝶々がいるのかな、など、など、百貨店の屋上へいったとき、山手線の電車の窓から眺めたとき、よく思っていた。

それぞれの山にはそれぞれの花があって、新たな花との出逢いに事欠くことはない。植物学的に貴重な品種も多いという。季節の花を求めて山に登る《花の百名山》の楽しみがあることを、ぼくたちは田中さんから教えられた。

それに対して、ヨーロッパ・アルプスの場合、標高は四千メートルを越え、森林限界も二千メートルくらいまで下がってくる。岩と氷でできた高山は、とても植物が育つような環境ではない。およそ命あるものを無慈悲に拒否する、それがアルプスの山、命の消息が途絶えた死の世界といってもよい。

しかし、クライミングの最中の岩壁で、ときには、意外な花との出逢いがあったりもする。ふと手をのばしたホールドから数センチの岩角に、ぽつんと咲いていたりするアネモネ。やっとの思いでスタンスに立ち上がってホッと一息ついてみれば、その足もとに、キキョウが顔をもたげている。ああ、踏みつけなくてよかった。花びらの一枚一枚が、花開くことの歓びを精一杯に表現している姿に見えて、いじらしくなる。

イタリアのクライマー、ギド・レイも、そんな花との出逢いをつづっている。彼の中心的なゲレンデだったのはイタリアのドロミテ。急峻な石灰岩の岩壁が競いあうようにそびえ連なる。その日、登ったのはチマ・デラ・マドンナ、〃マドンナのピーク〃だった。

(『アルピニズモ・アクロバチコ』河合亨訳)

わたしは蜂蜜のような色をした石ころと、ガラスのかけらのようにきらきらとひかる砂を見つめていた。

だが、この砂のなかに岩の割れ目から、みどりの一握りの草の葉がおづおづと生え出て、ひとつの小さな金色の花をつけていた。それはつつましいアルプスのひなげしだった。アルプスのほかの地方では白い花冠をつけるのだが、ドロミチの山々の上では、焔のつよい黄色に燃えている。そしてそのあたりに、大理石のなかに象嵌された小さな宝石のように、ほかの花も咲いているのが発見された。それは高いテラスの上に吊りさげられた箱庭だった。黄色い小さな花のまわりに、鮮かなコバルト色のや、淡い青色の花などがあった。それは小さなりんどうとわすれなぐさであって、このミニュアチュアーの花族は荒い岩のあいだでは特にかよわく、乾いた石のなかでは特に涼しげに見られた。それは十株ばかりの小さな植物だったが、この狭い空間になんともいえぬたのしい祭りの色調を与えていた。そのために白い山頂はまったく陽気になっていた。山頂はエーテルの海のなかの花盛りの小さな島のようだった。

レイが「マドンナの庭」と呼んだアルプスの箱庭に咲いていたのは、ひなげしやりんどうやわすれなぐさだった。白い石灰岩に、黄色や青の色彩が鮮やかに浮き立つ。日本の山のお花畑とはまたひとあじ違った魅力だろう。岩の壮大さは、日本とは比べ物にならないくらいの迫力。それなのに、そこに咲く花は、日本よりもずっと控えめで、その分、可憐さがいっそう印象的だ。

ただ、この庭でちょっと不満なのは、そこに、あのエーデルワイスがないことだろう。

エーデルワイス

せっかくなら、エーデルワイスも一緒に咲いていて欲しかった。

日本の高山植物を代表する花がコマクサだとすれば、ヨーロッパ・アルプスではエーデルワイスと、誰もがいう。歌にもうたわれ、日本でもすっかりおなじみになっている。しかし、実際にこの花が咲いているのに出逢うことは、かなり珍しい。もともと険しい断崖絶壁の陰にひっそりと咲いていることが多く、山道を歩いているだけではなかなか見えないからだ。それに摘みすぎが原因で、とにかく数が減ってきている。スイスの国の花になっているエーデルワイスだが、現在では、絶滅危機に瀕している品種の一つに数えられる状況らしい。

エーデルワイスには、純潔の乙女の生まれ変わりだという伝説がある。昔、アルプスの山村に美しい娘がいた。あまり美しすぎて、ふさわしい男が現れず、ついに嫁ぐことなく生涯を終えた。そんな乙女の生まれ変わりが純白のエーデルワイス、男はそれを帽子の花飾りに付けて、美しい女性を妻に迎えたい気持を表現するのだという。また、この花を贈られた娘たちも、献身的な愛の証しとして喜ぶのだ。

若者たちはこぞってエーデルワイスを摘み、恋人に捧げた。しかし、採ろうと登った断崖から誤って墜落し、命を落とすこともあったと伝えられる。

新田次郎氏も、ヨーロッパ・アルプス旅行のさい、やはりエーデルワイスとの出逢いを期待していた。でも「アルプスを代表する二つの花のうちエーデルワイスは、容易には手の届かない、岩と岩の間にある」と知って、諦めるしかなかった。町中で売っているのを見かけることもあったが、すべて栽培されたもので、野生のエーデルワイスは採取が禁止されている。

かわりに、新田氏の目は、むしろ名も知らぬ貧弱な草地の花たちのほうに向けられていく。アルプスの過酷な境遇に耐え押しつぶされそうになりながらも、健気に咲く花。そんないじらしいほどのひたむきさの中に、ささやかな命を慈しむ感動が呼び起こされる。

（『アルプスの谷　アルプスの村』）

山々は崩壊の極に達しているかに見受けられた。崩壊を続ける岩石は谷間を埋め、草の生えでる余地をも奪った。草は死に緑は消え、暗い灰色の谷間には氷河から流れ出て来る白い悪魔の水の上を、つめたい風が吹いていていた。

乾いた風だった。その風が吹くと、あるかなしかの草の葉がゆれた。そのように荒れ果てたところにも花が咲いていた。思わずあっと声を上げるほど美しい花が、たがいに寄りそうようにして咲いているのを見ると涙ぐましいものを感じた。

花だけではない。これほど非情な土地にも山羊が放牧されている。この山羊はいったい何を食べているのか？　そんなおもいが心をよぎる。そして、こう心につぶやくのだった、「山羊がなにか食べて生きているとすれば、それは岩に生えているこけのようなものか、日当りのいい傾斜地にわずかに青みを見せている、あるかなしかの草であった」。

そういえば、日本のコマクサも、とうてい植物の生育に適するとは思えない石や砂だらけの殺風景な場所に、ほかの高山植物からは離れて咲くものだ。こうした、どこか孤高を誇るとも見える風情は、エーデルワイスと似たところがあるかもしれない。風に吹き飛ばされそうになりながらも、すっくと頭をもたげた真っ赤な立ち姿が、その小さな花に、凛《りん》とした風格を与えているようにさえ感じられる。

エーデルワイスの場合は、それに垂直の厳しさが加わる。シャモニから少し離れたコロンビエールの岩場。二百メールを越える高さでつらなる石灰岩の白い壁が、真っ青な空に照りかえっている。そこでのクライミングのさなかだった。このときも、思いもかけないわずかな岩角のすみに、エーデルワイスが咲いていた。周囲は白一色。誇張ではなく雪山と見まごう白さがいちめんを覆い、夏だというのに、雪の壁を登っているみたいな気分になるほどだ。岩の輝く白さに、〝高貴な白〟の名前どおり、ふんわりとした淡雪のような白い花が重なっている。幻想的ともいえる光景だった。

いったいどこに命をつなぐ水があるのだろう。いや、どうやってあの無慈悲な岩の上に、命の痕跡をもとめて根をはることができるのだろう。そして、見捨てられた絶壁に、花開くのは、だれのためなのか。コマクサのように群生することもない、ただ独りきりの花だった。

黄色いヒナゲシ、紫のアネモネ、コバルト色したリンドウ、それに純白のエーデルワイス。アルプスの高山の花は、いじらしげな風情をみせながら、いつもひっそりたたずんでいた。折り重なる岩塊のはざまで、それはあらがうのでもない、ただひめやかに華やいで、無情な岩肌にさした紅のごと、ポッとひとかきの色めきを、あたりの自然に与えているのだった。

それに対して、岩壁のすそに展開するアルプの一帯は高山植物の宝庫だ。キンポウゲ、アザミ、マツムシソウ、タンポポ、スミレなど、それこそ数えきれない。日本でもお馴染みの品種もたくさんある。同じ花でも、日本のものとは色合いや形、そして大小がちょっと違っていたりするから、そんなひと味装いをかえた花と語らいながら歩くのも楽しい。

なかでも素晴らしいのがロードダンドロンだ。新田氏が、エーデルワイスと並んで「アルプスを代表する二つの花」に挙げていたもう一つのほうだが、ドイツ語風にアルペンローゼの名でも知られるシャクナゲの仲間だ。日本のものよりずっと小ぶりで、小さなキバナシャクナゲくらいだろうか。日本のシャクナゲを「何分の一かに押し縮めたような」と新田氏が形容するその花は、色じたいも凝縮されて濃密さを増したような、やや黒ずんだ深紅をしている。群生して咲くので、丈の低いロードダンドロンがまさに絨毯を敷きつめたように咲き誇るさまは、見事としか言いようがない。

松くい虫

だが、これらの美しい花を前に、今のぼくたちは、こう問いかけずにはいられまい。この花は、この自然は、ほんとうに大丈夫なのだろうか、と。進む環境破壊の中で、果たして、いつまで生き残ることができるのだろう。

ヨーロッパでも、環境汚染のために観光地の自然が危険にさらされていることは日本と同様だ。その主要な原因に、排気ガスが指摘されている。たとえばシャモニで周囲を見わたすと、森林帯のところどころで樹木がなぎ倒されているのが眼に入る。ふつうなら、雪崩のせいと考えるだろう。だが、実は大気汚染が原因らしい。車から空気中に放出された有害物質のため木が弱り、ちょっとした風や雪でも倒れてしまうのだという。大気汚染が原因になっているわけだが、こういった光景をみると、日本の「松くい虫」が連想されてくる。

日本で特に松枯れが目立ちだしたのは、一九六〇年代頃からだが、その後急速に進行し、半世紀を過ぎた現在もとどまるところをしらない。その犯人とされているのが「松くい虫」だ。しかし、実は、「松くい虫」という名前を持った特定の虫はいないことはご存知だろうか。辞書を引くと「松の樹皮と材部の間を食い進むなどして枯死させる害虫。キクイムシ・ゾウムシ類をさすことが多いが、マツノザイセンチュウによる被害が大きい。松の葉を食い荒らす松毛虫などをいうこともある」(『大辞林』)とある。つまり「松くい虫」って何なのと、訊きかえしてしまうだろう。要するにキクイムシなのか、マツノザイセンチュウなのか、はたまた松毛虫なのか。これだけでも「松くい虫」に実体のないことは明らかだ。石川県のホームページの説明では、「俗に松くい虫と呼ばれる」虫として「カミキリムシ科一四種、ゾウムシ科八種、キクイムシ科六種」があるとされている。

真相をいえば、「松くい虫」は、林野庁が考えだした新造語だった。

蔓延する松枯れの原因として、林野庁は、マツノザイセンチュウという渡来種の線虫を指定し、それがカミキリムシの一種であるマツノマダラカミキリによって運ばれ、松に伝染するとした。だから、松枯れを防ぐには、その病原となる虫を殺せばよいということで、殺虫剤の散布が対策措置として決定される。そのために作られた法律が「松くい虫防除特別措置法」だった。一九七七年に成立し、その後「松くい虫被害対策特別措置法」に改称されている。ここで「松くい虫」なる用語が使われ、いちやく害虫の代表格に躍りでたという次第だ。

それにもとづいて猛毒のスミチオンのような農薬を、大量にヘリコプターを使って空中散布することが始められた。その結果、たくさんの虫が殺された。チョウチョウ、カブトムシ、アリにいたるまで、あらゆる種類の虫が死んでいった。虫だけではない。鳥や魚も死んだ。

では「松くい虫」は死んだのか。皆殺し状態なのだから、マツノザイセンチュウやカミキリも死んだのだろう。ただ、かんじんの松枯れは止まったかといえば、これはノーだ。あいかわらず、松は枯れつづけていたからだ。農薬散布の効果はなかったといわざるをえない。ほんとうに「松くい虫」が原因なのだろうか。よく調べてみれば、そもそもマツノマダラカミキリ自体が、日本の森にはそんなにいる虫ではないことが確かめられると、研究者たちは証言している。また、枯れた松にマツノザイセンチュウがいつもいるわけではない。

現在では、公害が松枯れの原因である可能性が強く指摘されている。見捨てられた里山、化学肥料の影響、そして何よりも排気ガスによる大気汚染。自然のなかに棲む虫などではなく、人間が惹きおこした自然破壊が、日本の松を枯らしていると考えるほうが正しいことがわかってきた。もはや「松くい虫」は一種のフィクションだったとするしかない。その上で、ぼくたち人間が松を枯らしていることに、もっと正面から向き合う必要があるだろう。その責任を認めて、これまでのやり方を改め、自然破壊的な農薬散布をやめるための方策を考えなくてはならない段階に来ている。

モンブラン・トンネル

シャモニに目を向けると、大気汚染に関して、モンブラン・トンネルの影響が問題になっている。モンブランの真下を貫いて掘られた全長十一・六キロの地下トンネルで、一九六五年に開通した。フランスのシャモニとイタリアのクールマイユールを結ぶこのトンネルは、もともと商業目的で造られたもので、ここを通過するトラックの数は年間八〇万台にものぼる。乗用車などもいれた全体の通過台数は二〇〇万台だ。当然、当初から排ガス汚染が懸念されていた。

そのトンネルのど真ん中で、九九年に、事故が起こった。トラックの衝突がトンネル内火災を誘発し、多数の死傷者を出す。この事故は、シャモニとその周辺の住民にとって、トンネルについて改めて考える機会となった。トンネルがもたらす利便性や経済効果に、そもそもどんな意義があるのか。

意外なかたちで戻ってきたトンネルなしの生活の中で、排ガスや騒音、事故の危険のないことの大切さを実感する。その結果、彼らはトンネル再開反対を決意した。しかし、当局の決定はやはり再開。そこで、住民たちの運動は、大型車の通行禁止へと要求を変え、その実現に向けて、シャモニとその周辺の町は連帯して住民投票に訴えることにした。運動の先頭に立ったシャモニ市長たちはこう問いかけた。

《多様な国籍の大型車のモンブラン・トンネル利用によるシャモニ通過は、モンブラン山群の自然とエコロジー面でのバランス、並びに住民の健康と安全にとって、両立しうるものと考えるか?》

この問い自体が、経済優先主義をやめて自然と人の生命環境を優先させる立場への転換を示すものになっている。住民たちの答えもはっきりしていた。過半数を超える《ノン》によって、住民たちは、大型車通過に反対の意思を明確に示した。

しかし、行政側はこれを法的には無効とする措置をとったため、せっかくの住民投票も法的効力をもたない象徴的なものとしてしか扱われなくなる。それでもかまわない、と住民たちは言う。訪れる旅行客の数で世界第三位の巨大観光地シャモニの関係者が、まとまって《フランスにおける環境の首都》になろうとする態度を表明したことが重要な点だからだ。

環境問題が深刻化している状況の中で、環境保全のためのアファーマティブ・アクションがさまざまに求められている。自然を利用するリゾート地が、そのために果たすべき役割はけっして小さくない。シャモニの住民投票はそのいち例だろうが、他にも、ツェルマットではガソリン自動車を完全に閉め出していることはよく知られている。

また、近年、ヨーロッパ規模での流通の拡大にともなって、トラック輸送の需要は増えつづけている。その結果、モンブラン・トンネルの経済的な価値は高まるばかり、という現実がある。トンネル閉鎖どころではない。反対に、新たなトンネル建設の要求さえ浮上してきた。

しかも、これは単に経済的な需要に応えるという面ばかりではなかった。このままトンネルの通行量が激増する状況を放置するなら、大気汚染はますます深刻化し、環境に対する負荷が増えつづけてしまう。環境の側に立つ住民にとっても、放ってはおけない問題だった。しかし、新たなトンネル建設は「持続可能な開発ならびに環境保護に関して、フランスおよびEUがこれまでに行なってきたさまざまなコミットメントに反するもの」だとして、それ以外の選択肢を政府に求めた。

ほかの対応策としては、現在のトンネルの二車線化（現在片側一車線の対面交通）、鉄道敷設によるカートレイン方式などが検討されている。しかし、いずれにも環境と経済性の両面でデメリットが指摘され、名案は見つからない状況だ。

この問題と継続的に取り組んできた《モンブランの景観をまもる会》は、単に行政に反対するだけでなく、現実性のある有効なオプションをさぐるための活動を、行政とも連帯しながら積極的に展開している。二〇〇七年のフランス大統領選挙に際しては、各候補者たちに質問状を送り、「山は、その地形的かつ気象的な特徴により、道路交通、とりわけ大型車の通行からの強い影響を受けやすい環境である」ことに鑑みて「フランスのみならずヨーロッパ規模での輸送政策の根本的な転換」が必要であることを訴え、理解と協力を求めた。当選したサルコジ大統領のもとでは、環境政策が最優先課題の一つと位置づけられている。

持続可能な地球

今日の環境問題とは、ひと言でいえば、環境と経済の対立をどう解決するかということに尽きるだろう。その解決に向けた方向を示すために国連が打ち出したのが、持続可能の考え方だ。用語としての《持続可能な開発》は、一九八七年に国連から発表された『われわれの共通の未来』（ブルントラント委員会報告書）に盛りこまれたものだが、今や環境問題だけでなくさまざまな領域で使われるようになり、現代社会の多様な問題について考える際のキーワードにさえなっている。

国連からの働きかけに応じて、各国政府は、これにもとづいた環境問題への取り組みをスタートさせているが、日本政府も、持続可能な開発の推進にとっては、まず「人づくり、とりわけ、教育が重要」だとして、二〇〇二年、国連総会に「国連持続可能な開発のための教育の10年」に関する決議案を提出した。さらには、それに続いて開催された「持続可能な開発に関する世界首脳会議」（ヨハネスブルグ・サミット）を受けて、持続可能な生産形態への転換を加速するための「循環型社会形成推進基本計画」を作成するなど、この分野での具体的な方策を発表している。

しかし、こうしたアクション・プランを見ていて気になることがある。それは、そこで意図されている持続可能な開発とは、要するに「いかにして開発を持続させるか？」という要請に応えようとするものであって、スタンスはあくまでも「開発」の側にあるのではないか、ということだ。「持続可能な生産・消費形態への転換」を掲げる日本政府の基本姿勢は、「環境をよくすることが経済を発展させ、経済が活性化することによって環境も良くなっていくような関係を築き、質の高い持続可能な社会を目指していく」というものだ。その前提には、環境と開発が「互いに反するものではなく共存し得るもの」という考え方がある。(外務省ホームページ)

はたして、それでいいのだろうか?

そもそも確認しておきたいのは、ブルントラント報告書では、持続可能な開発とは「未来世代が自分たちの欲求を満たしうる能力を減じることなく、現在世代の欲求を満たすような開発」だと説明されている点だ。つまり、われわれの開発の結果が、あとに続く世代に残されるべき可能性を奪うことにならないように、現在世代の欲求に対しては、これをその限度内に抑えるというのが重要なポイントになっている。ここでは、「未来世代」と「現在世代」の二つの欲求が、対立軸としてだされていて、その二つは、あらかじめ「共存し得るもの」であることが前提されているわけではない。両者のせめぎ合いの中で、開発の放棄を含め、どのようなオプションが可能であるかを厳しく問いかけている。

だが、日本政府の姿勢を見ると「現在世代の欲求を満たすような開発」のほうに力点が置かれすぎている。もし「未来世代の欲求を満たしうる能力を減じない」ことのほうにスタンスを移したとすれば、過剰な負荷をもたらす経済開発を放棄するというオプションが、もっと表に出てきてよいはずだろう。

話を山岳環境にかぎってみても、これまでの環境政策が山岳リゾート開発と一体化したかたちで進められてきたことは否定できない。山岳道路を通し、スキー場を建設し、余暇活動を商品化していく。そこには《経済》の論理が貫徹していて、《環境》が主人公となった発想が生まれてくる余地はなかった。行政は、環境と経済のバランスをとりながら効果的に施策を進めるというが、環境への配慮は名目だけで、内実は、経済への配慮ばかりが先に立っている。しわ寄せを受けるのはいつも環境の側だ。

やはり、思い切った発想の転換が必要な段階にきている。地球を、人間ひとりの繁栄のための《資源》として利用するのでなく、同じ地球環境を生きるほかの生命体との《共生》を願う立場へシフトしよう。モンブランの麓に集まった人たちは、この地球の上で、人間は住まわせてもらっている《間借り人》、《家主》は地球、人間が《地球の主人》ではないという想いを共有している。だから、私たちは、地球に対して払うべき敬意を払う義務があるという。そうした義務の自覚が、地球の未来へと私たちをつなぐ絆となる。《モンブラン》を持続ある地球の未来の象徴に！　これが、シャモニから世界に発信されたメッセージだ。

山に登る人間一人一人が、具体的な行動に参加する必要がある。自然や山が好きだというなら、それを護るための負担は惜しんではならぬはずのもの。ささやかでも、それを推進する一歩を踏み出していきたい。

百の頂上・百の歓び

十二月、もういくつ寝たらお正月。

今年こそはと、いつもながらの新年の誓いを新たにしたのが、ついこの間のことのようだ。それなのに、気がつけば、はや一年が過ぎようとしている。どんな年を過ごしたのか、暮れともなると、そんな想いがつのってくる。

百の目標

山登りの成果はどうだったろう。いくつも目標があったはずなのに。〝百名山〟を目標にした人も多いに違いない。深田久弥の『日本百名山』が最初に出たのは、四〇年以上も前の一九六四年七月のことだが、その人気はいっそう高まるばかりだ。

一つの頂上を極めることは、一つの目標を達成すること。百名山となれば、百の目標ができる。高度成長期、日本全体が豊かさの価値を信じて勤めに没頭していた時代だったら、目標などわざわざ捜す必要もなかった。それが、最近では、定かでなくなってきている。とりわけ団塊の世代に属する中高年にとっては、かつて日本型繁栄の中心的担い手だった役割が崩壊した今、戸惑いは大きい。諦めともごまかしともつかぬまま、やりきれなさを胸に日頃の生活を送っている場合も多かろう。百の頂上という形で百の歓びを約束してくれる百名山の優しさは、報いられ癒されることを求める心を惹きつける何かをもつ。どこかお遍路の姿とも重なる、満願成就への願いがこもった百名山の道行きには、無慈悲な時代の仕打ちが傷あとを残しているようにさえみえる。

いずれにしても、ベスト百を選ぶというのは、百名山だけでなく、他にも「味の名産百選」とか「秘湯の旅百コース」とかいろいろある。外国にだってある。世界的に有名な百選の例としてすぐ思いだされるのが《グレート・ブックス》だろう。二〇世紀の初め、アメリカの教育学者たちが中心となって、大学の教養教育のために、古典的名著を百冊選び〝読むべき本のリスト〟にした。ホメロス、プラトン、ウェルギリウスなどのギリシア・ローマの古典のほか、近代ではダンテ、セルヴァンテス、シェイクスピア、もっと新しいところではアインシュタインやカフカなどが含まれている。日本でも「世界の名著」などと銘打った全集の企画が流行ったことがあったが、モデルになっていたのは、この《グレート・ブックス》だった。

山好きになじみ深いのは、ガストン・レビュファ監修による『特選一〇〇コース』シリーズだ。一九七〇年代から八〇年代にかけて、《モン・ブラン山群》を始め《ヴァリス・アルプス》や《ドロミテ》などヨーロッパ各地の山域を取り上げ、お薦めの一〇〇コースを選んで美しい写真入りで紹介しガイドする企画で、そのうちのいくつかは日本語にも訳された。登山ブームに沸いていた日本のヤマヤさんたちには、レビュファは、それこそアイドル的な存在といって過言でないほどの人気だったせいもあって、その当時で六千円以上もするずいぶんと高価な本だったにもかかわらず、けっこう売れたように記憶している。「深田百名山」がすでに出ていたから、それとダブらせて「ヨーロッパ・アルプス百名山」のようなイメージをもって読んだ人も多かったかもしれない。

アルピニストをめざして

「深田百名山」も「特選一〇〇コース」も、百を選ぶという点では同じなので、そんな連想が働いたとしても不思議ではない。だが、そのもとにあるコンセプトはどうなのだろうか。

まず、レビュファから始めよう。

シリーズ中の代表作といえる『モン・ブラン山群　特選一〇〇コース』、実に、この山群だけでも、なんと二千を超える登攀ルートが存在するのだという。面積的にはさほど広くない山域だが、一つの山でもさまざまなルートが拓かれてきた歴史がある。その中から百を選ぶというのは、そう簡単ではあるまい。

レビュファは選択の基準について「各々のコースは、クライマーを技術的に養成しようという見地、またその山行からどのようなよろこびが得られるかといった点など、数多い角度から検討して選ばれたもの」で、「順序を追って次々と出てくる……各コースは、全体の中にそのしめるべき位置をしめ、そこに位置している理由もそれぞれある」と説明している。

かつまた、ヨーロッパ・アルプスのコースは、岩、氷雪、ミックスと非常にバラエティに富んでいるから、それらをすべて一通りこなし、アルピニズムの技術をしっかりと身につけなければならない。そうした経験をとおして、「未来のアルピニストにこの山群の各側面を発見してもらい、この山群の構造はどうなっているのか、谿線はどうか、それに各ピークはどのような配置になっているのかが分かってもらえるように割り当て」た結果が、できあがった百コースなのだ。

レビュファのやり方は、高山での登攀技術と実践的な経験の両面にわたって、段階的な山行を積み重ねていくことを狙いとしていることが、ここで明らかにされている。順序よく基礎から応用へと進むことで、実践をとおして学びながら総合的な登攀力をつけていく。《一〇〇コース》は、アルピニストを育てるという教育的な目的があり、そのために系統的なプログラムを提供しようとするものだ。

では、どんなコースが選ばれたのか。

まず、第一番目は《プランプラのクロシェ・クロシュトン》から始まる。〝赤い針峰群〟にあって、観光客で賑わうブレヴァンのロープウェイから歩いてすぐのアプローチ、初心者たちがおおぜい登りにくる人気のルートだ。でも、クライミング・テクニックを覚えるには絶好で、基本の動作をしっかりとおさらいしよう。面白いのは、岩と岩の間にロープを張って、それに股がって通過するチロリアン・ブリッジというテクニックがある。名前は知っていても、実際にはなかなか経験できない〝レアもの〟的な手法だが、それも試してみられる。

二番目は《ボソン氷河の氷壁》。最初が「岩」のロッククライミングだったので、次は「氷」のアイスクライミングに挑戦。そして、三番目が《アンデックス針峰南東稜》で、ふたたびロッククライミング。難度が少しずつ高くなる。そのあとは、例えば、二四番目に《モンブラン一般ルート》があり、四〇番目に《ドリュのトラバース》、五五番目に《ミディの南壁》と、アルプスの〝定番〟がぞくぞくと続いている。そして、最後のほうでは、《ドリュのボナッティ・ピラー》が九二番目、《グランド・ジョラス北壁ウォーカー稜》が九七番目に出てくる。

フィナーレは、やはりモンブランで飾りたい。ラスト百番目は《モンブラン・フレネイ稜中央ピラー》。数あるモンブランのルートの中でも最上級のもので、複雑なルートを確実に読み解き、岩と氷と雪のすべてのテクニックを駆使して登らなければならないし、ときには、天候の異変とも闘わなければならない。まさしくトータルなアルパインの能力が試されるルートだ。これで卒業試験にトライしよう。

実によく考えて選ばれている。最初に百のリストを見たとき、だれもが、いつかは最後までいって、モンブランの頂上でお祝いする夢を抱くに違いあるまい。

このようにして、より困難な登攀ができるようになることは、それ自体で大きな歓びだが、同時に、それまで手の届かなかった未知の世界の美しさを知ることにもつながる。困難を克服した先では、そのつど新たな感動のシーンとめぐり逢えるはずだ。レビュファはこう書く。(『モン・ブラン山群　特選一〇〇コース』)

登山は、ひとつの祝祭である。そこには風景がある。その風景をしつらえて配置するのは、それを目ざして進みゆくクライマーである。星空の下の出発、日の出、太陽に向かっての登高、雪と岩のこの世界にやってきて、これに別の生命、新しい存在理由を与えるのは人間である……登攀はひとつの創造である。平衡のとれた動作と、正確で、軽やかで、優美な身のこなしが秩序よく連繋したものであり、想像、つづいてインスピレーションが生み出したものだ。

壮大な自然と人間による「祝祭」のただ中に、登攀者の姿が照らし出される。そのクライミング・パフォーマンスを、いつの日か自分も演じられる期待に促され、新たな挑戦に向かって、アルピニストの夢がいよいよふくらんでいく。

では、「深田百名山」の場合を見てみよう。

まずは選定の基準だが、深田ファンならずともすでにお馴染みになった名山の「三つの基準」が、『日本百名山』の「後記」に掲げられている。

選定についてまず私は三つの基準をおいた。

その第一は山の品格である。誰が見ても立派な山だと感歎するものでなければならない。高さでは合格しても、凡常な山は採《と》らない。厳しさか強さや美しさか、何か人を打ってくるもののない山は採らない。

[…]

第二に、私は山の歴史を尊重する。昔から人間と深いかかわりを持った山を除外するわけにはいかない。人々が朝夕仰いで敬《うやま》い、その頂に祠《ほこら》をまつるような山は、おのずから名山の資格を持っている。

[…]

第三は個性のある山である。個性の顕著なものが注目されるのは芸術作品と同様である。その形体であれ、現象であれ、ないしは伝統であれ、他に無く、その山だけが具えている独自のもの、それを私は尊重する。

山の品格、歴史、個性。これらの基準をめぐっては、これまでもいろいろと論議されている。このうちの品格や個性など、客観性を欠いているとは、よく指摘される点だ。だが、それが主観的なもので普遍妥当ではありえないことは、著者みずからが自覚していた。それをじゅうじゅう承知のうえで、それでも自分の選択は、よく新聞などでやっているような「日本新名勝百景」のたぐいよりは「正確」だと付け加えることを忘れていない。選定に関しては、深田なりに自信をもっていたことが、はっきりとうかがえる。

そこまで深田に自信をもたせることができたのは、彼自身が、日本中の山をすべて調べ、しかも、ちゃんと自分の足で実際に登って選んだものだという自負があったからだ。深田は「日本中の山を洩《も》れなく探して、百名山を選ぶことにした。麓《ふもと》から眺めるだけでは十分でない。私は全部登った」と書いている。そうして選んだものだから、「神のごとく」にはなれないにしても、人間としては誰にも負けない資格がある。

もう一つ、深田が「歴史」を重視していた点も重要だ。ここには、日本らしい山の見方がよく現れている。ヨーロッパの場合、山は、むしろ人間とのあいだで歴史というものを持たなかった。ヨーロッパの山は、久しいあいだ人間から拒否され、人間の歴史から排除されてきた。深田が日本の山について指摘しているところの、ふだんの生活の中で朝な夕なに仰ぎ敬うというような日常性の上に成りたつ歴史は、そこにはない。

このことは、二人の山の登り方にもずいぶんと影響を与えている。深田の山登りは、山と人間との長い歴史をそなえた山国日本だからこそできた山登りというべきだろう。レビュファのやっているようなアルピニズム型の山登りとは、性格が違う。

アルピニズムは、もともとは人間を寄せつけず登るのは無理なところを、技術と装備の工夫によってあえて登ろうとする企てで、それに成功したときの達成感を追求する。より困難で不可能な目標に挑戦しつづけるスポーツであり、登ること自体、つまりクライミングが目的になっている。それに対して、日本の山は、とにかく歩いて登れる。特別の技術も用具も要らない。歩ききるだけの体力さえあれば、あとはなんとかなる。同じ山登りとはいえ、実際は、山歩きなのだ。だから、山を歩きながらじっくりと山と付き合うことで、山を楽しもうとする。

古来より、日本人は山と共に生きてきた。田畑のむこうに、小高い里山がある。そこは、薪や山の幸を採りにいく日々の生活の場だ。その奥には、ふだん足を踏み入れることのない深山が控えている。そこは、山の神のいます場だ。山の神は、農耕や生産の営み全般を司る。奥の山であっても、決して人間から切り離されたものではなく、同じ生活空間の中に存在し、全体が一つの生きられる自然の形を描き出している。こうした、里山から奥山へとつづく山を背景とした佇《たたず》まいこそ、日本の原風景をなすものだろう。

「周囲を緑なす美しい山々に囲まれた、心安らぐ休息感をもつ、山隠れるやまとの景観」こそ日本人の心の故郷だと、樋口忠彦氏は指摘しているが、「やまと」とは「山門」であり、周囲を囲む山への入り口にあたる場所であって、安住の地の象徴となっているものだという。（『日本の景観』）

「山は産なり」といって、字義的に《山》は「産」から来ているとされ、「万物を産み出す」ところのものを表しているらしい。まさに山は、豊かな生産を保証する自然のシンボルと考えられていた。これに対して、「岳」ないし「嶽」のほうは「高《たけ》」であって、高いことを表すことから来ている。

そうした山の豊かさは、農耕の生産だけでなく、遊びや憩いの面とも結びついている。

山は、昔から人々にかっこうの遊びの場を提供し、心の豊かさをもたらしてきた。前にも触れた『常陸風土記』の筑波山の逸話を思い起こそう。そこには、四季を通じて人々が集い遊楽の繰り広げられる筑波山の賑わいぶりが描かれ、古来より、人々がこの山と共に生きてきたことを伝えている。日本の山は、どれもそうした歴史に彩られている。深田は、それを大切にした。だからこそ、筑波山が「高さ千メートルにも足りない、こんな通俗的な山」なのに、その歴史の古いことをもって名山に加えたのだった。

ここから、深田が「名山」という時、何を思っていたかも理解できる。

名山

そもそも、名山とは中国の道教的な山岳信仰にまつわる呼び方だった。神通力を修め不老不死の仙人になることを目指して修行する道士にとって、修行の場とされたのが山だ。しかし、どんな山でもいいというわけではない。修行の山には、特別な条件が要求された。仙人修行の教科書というべき書物『抱朴子《ほうぼくし》』によれば、第一に「金液九丹」なる〝不老不死〟の仙薬の材料が見つけられること。だが、材料があっても独りでは作れない。神仙の助けが要る。したがって、一緒に仙薬作りをしてくれる神仙に会えること、これも条件で、この二つが揃っている山を名山と称した。

中国では「五岳」（泰山、衡山、嵩山、華山、恒山）が代表的だが、それが日本にも持ち込まれて、日本にも名山が誕生する。まずは、吉野の金峰山、比叡山、伊吹山、葛城山など、大和地方の山々が選ばれた。つまり、これらの山が中国の名山に見立てられたということだ。そこに日本的な山岳信仰が加わり、役の行者のような修験者の活動する舞台ともなっていく。富士山や白山、立山が名山と言われたのも、もとは、やはり神仙に出逢うことのできる霊山と考えられたからだ。

名山の条件として、宗教的な意味だけでなく、景観としての美しさが取り上げられるのは、江戸時代の平和と繁栄によって、文化の大衆化が進んでいった中でのことだった。

江戸時代になると、庶民層も豊かになり生活に余裕が生まれる。そこから、ふつうの庶民でも旅を楽しむようになった。幕府による街道の整備も、おおいに寄与している。もちろん、街道の各所に関所はあり幕府の取り締まりは続いていたものの、お伊勢参りに代表されるような参詣の旅は、ずいぶんと大目に見られていたらしい。そして、庶民の側でも、参詣はタテマエ、いちおうお伊勢さまにはお参りはしても、あとは遊興目的で各地の名所にまで足をのばすのが常だった。そんな風潮の中で、山登りも楽しみの対象になっていくが、その場合も講中登山のような宗教登山が主流だったのは、庶民的な信仰心とともに、娯楽の適当な口実になっていた面も否定できまい。まさに物見遊山の旅だったわけだ。

では、どこに行こうか。一生に一度あるかないかの貴重な旅、行く価値のあるところに行ってみたい。そう思うのは当然だろう。かくして〝名所旧跡〟に世間の関心が集まる。それに応じて、日本各地の「名所」「名勝」「名山」の情報を提供する出版物が出回るようになる。そこに紹介された〝お薦めの観光スポット〟の記事が、読む人の旅情を掻き立てた。

この時代に流行った名山記の中では、谷文晁の『日本名山図会』(最初のタイトルは『名山圖譜』)や橘南谿の『東遊記』『西遊記』が代表的なものだろう。ことに『東遊記』には「名山論」と銘打った論考まで含まれている。この中で、南谿は「余幼きより山水を好み、他邦の人に逢えば必ず名山大川を問うに、皆各其国々の山川を自賛して天下第一という、甚だ信じ難し」と述べた上で、「既に天下をめぐりて、公心を以て是を論ずるに、山の高きもの富士を第一とす」と書く。さらに「山の姿嵬々《たかだか》として嶮岨画のごとくなるは、越中立山の剱峰に勝れるものなし」といい、また「山の姿よきは鳥海山、月山、……又、景色無双なるは薩摩の桜島」といって、姿の美しさや高さに注目している。
文晁も同様だ。「余、自ずと幼きより山水を好み、四方を漫遊し、名山大川に遇う毎に必ず圖に収めん」とは、南谿と文章までそっくり。諸国を旅して実際に目にした山や川を絵に描いたというが、その場合にも、「一山一水、真に非ざれば即ち喜ばず」と言いそえて、「真」つまり、ありのままの姿を大事にする姿勢を強調している。(『日本名山図会』)
両者とも、宗教的な意味づけとは別に、山そのものがもつ形に注目し、そこに美を発見しようとする眼を具えていたことがわかる。それにより、姿形が優れて美しいと判定された山が名山とされた。
深田は、これら山の美しさ、宗教的な役割、人間生活への影響などをひっくるめて、山と人間とのかかわり全体を重んじている。それが、彼のいう歴史の意味だろうが、それとともに山登りとは、自らもその山の歴史に参加することだと、自覚していたはずだ。人が山に登ることで、新たな山の歴史がつづられ、それが、また名山を創っていく営みにつながる。山を歩きながら、歴史の足跡をたどり、静かな山との語らいを心ゆくまで楽しむ山旅こそ、深田の実践した山登りではなかったかと思うのだ。名山という言葉自体が、その消息をよく伝えている。

しかし、レビュファの「一〇〇コース」には、このような「名山」の考え方は含まれていない。やはり、それは中国から日本へとつづく深い文化的な伝統と歴史にささえられて初めて意味をもちうる、独特の山岳観というべきだろう。

私の百名山

では、百を選ぶという点はどうか。

これも起源は中国にあるようだ。名山の「五岳」、風景の「瀟湘八景」など、中国ではナンバリングが古くから行われていた。それを真似して、日本版の「近江八景」や「金沢八景」、「三名山」（富士山、立山、白山）や「七高山」（比叡山、比良山、伊吹山、愛宕山、神峰山、葛城山、金峰山）などがつくられる。

風景論でもユニークな論を展開している大室幹雄氏は、著書『月瀬幻影《げつらいげんえい》』の中で、風景の〝ナンバリングの作法〟というテーマを取り上げている。われわれが生きている世界は、本来多彩で「猥雑な多様性」に満ちている。しかし、人間と社会を支配し管理しようとする「権力」は、そうした流動的な広がりを嫌う。小さな限定した数へと収斂させ、それ以外を捨象することで、世界を秩序と安定に固着させることを目論む政治的手法がナンバリングなのだ。もともとは、だれでも好きなように眺めればよいはずの風景についても、一定の景観のフォルムだけを選別しナンバリングによる定型化を行なうことは、選ばれたものの「真らしさ」を信じこませ、正しく風景を鑑賞しているという「確固不動の心理—精神的な安定」をもたらす。

風景のナンバリングは、中国の「瀟湘八景」あたりを端緒とするが、日本に移入されると、模倣を繰り返しながら日本的な郷土感情とも結びついて、さまざまなバリエーションが生み出されることになる。それにともなって、特定の地域にいっそう強く惹きつけられた「優しい土地とかわいらしい場所への個別的愛着」が増幅されていった。

となれば、それが日本各地に広まり、かつ〝定番〟化していったことから、それこそお国自慢のノリで「何々八景」にとどまらず、十景、二十景、三十景と際限なく増殖していったとしても、何の不思議もあるまい。ナンバリングによる風景鑑賞法の路線が日本全国に拡大されていった次第を跡づけながら、最後に、それが「現代にいたってなお、その定型と単調のまんま、くりかえし不断の改修がつづけられている。たとえば、新東京百景、日本百名山等々——」と、大室氏は嘆息めいて結んでいる。

ただ、大室氏の嘆息に「深田百名山」まで付き合わせてしまうのは忍びない。深田の場合、指摘されているような「定型と単調」の謗《そし》りを受けるものでないと理解できるからだ。昨今、百名山がステレオタイプ化しているからといって、その責を深田自身に問うべきではなかろう。

今西錦司は文庫版の解説「名山考」で、百名山は「文人風な茶目気」から出たものだといっているが、なかなか当を得た言い方だ。ただ、続けて「百名山は彼の登山の本筋ではなくて、余技と見るべきである」というのは、やや適切さを欠いている。たしかに、深田の山に対する姿勢には、多分に文人的な遊びの伝統を受け継いでいる面がある。そうした伝統にみずからも棹さして、深田流の名山を選び出してみせたわけだが、だからといって、すぐ「余技」と結びつけるのは早計だ。それどころか、深田にとっては、先達の文人たちが残した名山選定の技と四つに組んだ真剣勝負であったとさえ見るべきだろう。古人にひけをとらない深い教養と趣味感覚を具えていなければ、とても太刀打ちできることではない。

深田にその自信をもたせてくれたのが、実際に山に登るということだった。実践的な登山の経験が彼を支えている。つまり、これは文人が選んだ名山には違いないが、それに加えて、文人の眼をもった登山者が選んだものだということだ。そこに、深田なりの矜持《きょうじ》があったといってよい。

こうしてみると、深田が、品格、個性などの主観的な基準を設定した意図が、あらためて理解できる。主観的ということは、その人自身の人間味とかかわっている。標高や難易度のような客観的な基準にすると、それには、選ぶ人間のかかわる余地はない。高さを基準にして三七七六メートルの富士山を日本一に選ぶとすれば、その選定には、だれも反論できない。客観的な事実だからだ。その点、主観的なことなら、人によって判定が違うことはじゅうぶんありうる。各人各様の意見があってかまわないし、ことに品格といい個性というならば、ともに人間としての品格や個性につうじる事柄であるからこそ、その山のどこに品格を感じたか、何をもって個性としたかをとおして、判定者自身の、人間としての内面がさらけだされてしまう。山の品格・個性としての〝山格〟には、それを選んだ人間の〝人格〟が反映されている。

だから、深田は、登山家として五〇年にわたって続けられた山との「執念深い」付き合いと、文人としての素養をもとに、百名山を選びだした。その上で、これは「私の主観で選択したものだから、これが妥当だとは言えない」と、みずから認め、そして、読者に対して「私は多くの人の意見を聞きたい」と語りかける。今後機会があれば「若干の山の差しかえをするつもりである」とも言っている。

深田は、読者に、それぞれの〝百名山〟を問いかけようとしているのだ。それに応えて、「百名山」を読みながら、読者は心の底にある山、自分の愛する山に考えをめぐらせてみよう。これを名山に加えようか？　自分の名山とは何だろうか？　そう考えながら、ふたたび著者に問い返してみる。こうして、ぼくたち自身の中で、〝私の百名山〟をめぐって著者との対話が紡ぎだされていく。

こんな語らいの山旅を深田久弥と共に楽しむことにこそ、「深田百名山」の味わいがあるにちがいあるまい。そして、新たな山の誘《いざな》いに、心ときめくのだ。

あとがき

大学の教員をなりわいにしていますと、自分の研究テーマというものがあります。わたしの場合、比較文化が専門分野ですが、自然と人間の関係を研究テーマにしてきました。そして、とくに自然のなかでも、山とその文化を好んで取り上げています。

さまざまのかたちでひとの手が入ってしまったとはいえ、山は、わたしたちが日常生活のレベルで近づける範囲のなかでは、環境的に厳しい場所であり、そこには、自然と人間とのかかわりがひじょうに凝縮されたかたちで映し出されていることは否定できません。山は、こんにちでも、もっとも野生の状態に近い自然の姿が残された領域であると思います。

そんな山と自然を舞台に、古今東西、じつに多様な文化が育まれてきました。それを研究しながら、自分でも山に登るようになりました。登ってみると、なまの山の姿に接し山の声を聞くことができます。当たり前のことには違いありませんが、それはほんとうに新鮮な体験でした。その結果、山岳文化の研究にも、新たな視界が開けてくることがわかりました。

海外の大学に滞在して研究するチャンスを、勤務する大学から与えられ、その機会にヨーロッパのアルプスを知ったことは、大きな転機になりました。初めて足を踏み入れたアルプスの山は、やはり日本の山とはぜんぜん違う、そのことが実感として理解できました。そんな異文化体験がもとになって、ひとつ本を書いてみようという気をおこした結果、一冊の本を出すことになりました。

タイトルは『問いかける山』。それが山岳雑誌の編集をしている方の目にとまったらしいのです。『岳人』に連載で何か書いてくれという依頼がまいりました。有り難くお引き受けすることにして、さて、連載のタイトルは何にしようか、なかなかきまらず迷っていると、編集の永田秀樹さんが、前のが『問いかける山』だったから、こんどは〝語りかける山〟にしてはどう? と助け舟を出して下さいました。もう、迷うことなくそれに決めました。

こうして、季節ごとにうつりゆく山との語り合いをベースのモチーフに、エッセイ風の文章を一年間書きつづらせてもらいました。その際には、編集長の廣川健司さんには、何かと相談にのっていただき、そのなかから、いろいろなアイデアを与えてもらえたことを、ずっと感謝しています。

今回、駿河台出版社の井田洋二社長から、山の本を出してはどうかという企画をいただいたとき、すぐにこの「語りかける山」でいこうと考えました。そして、そのことを永田さんにお話したところ、快く了解していただきました。

というわけで、この本は、２００２年の1月号から12月号に連載した「語りかける山」のシリーズをもとにしています。そのうえで、それぞれのテーマをさらに展開して、かなりの書き換えもおこなっています。

このようにして、本を出す機会を与えて下さいましたことに、そして、出版のために力を尽くして下さったすべての方々に深く感謝いたしております。とりわけ、すでにお名前を挙げた『岳人』の永田さん、廣川さん、駿河台出版社の井田社長、山田仁さん、そして、素敵な心のこもったブックデザインをして下さった小泉弘さんには、あつく御礼を申し上げる次第です。

２０１１年　初夏

飯田年穂

著者・人物の紹介

「サンライズ・サンセット」

荻原井泉水（おぎわら・せいせんすい　１８８４–１９７６）東京生まれの俳人。新傾向俳句の中心的存在。機関誌『層雲』を主宰し、新しい俳句の形として、自由律、季語無用を主張するなどのさまざまな試みを行った。門下生に種田山頭火がいる。

田口二郎（たぐち・じろう　１９１３–１９９８）東京に生まれ、東京大学山岳部に所属、卒業後朝日新聞に入社。特派員としてヨーロッパに滞在中、アルプスで登山活動を行う。マナスル踏査隊（１９５２）、続いて第一次遠征隊（１９５３）に参加。元日本山岳会副会長、名誉会員。多くの山岳関係の翻訳や執筆がある。

レスリー・スティーブン（Leslie STEPHEN, 1832–1904）イギリスの登山家、作家。ケンブリッジ大学を卒業、教員をした後、ロンドンに出てジャーナリストになる。初登頂を含む数々のアルプスのピークに登り、アルプスの黄金期を代表するアルピニストの一人に数えられる。英国山岳会の創設以来の会員で、4代目の会長。その山行をつづった『ヨーロッパのプレイグラウンド』は、ヨーロッパ山岳文学の古典。

ヴァージニア・ウルフ（Virginia WOOLF, 1882–1941）前記レスリー・スティーブンの娘で、イギリスの女流小説家。モダニズムの旗手といわれ、「意識の流れ」の手法による作品を発表して高い評価を受けた。女性の社会的問題にも関心を示し、フェミニストとしても活動したが、川に身を投げて自殺した。

アルバート＝フレデリック・ママリー（Albert Frederick MUMMERY, 1855–1895）イギリスの登山家。アルプスの黄金期につづく「銀の時代」の代表的クライマー。アルプスの主だったピークが初登頂された後、クライミングのテクニックを工夫して、より困難なルートからの登頂を追求、当時としては画期的な登山を成し遂げた。特に、グレポンの初登頂は有名。ガイドなしで登る〝ガイドレス〟、あるいは〝単独〟登攀など、新たな形の登山にも挑戦したが、クライミングの大胆さから〝アクロバット〟とさえ評されたその革新的なスタイルは、イギリスの山岳界にすぐには受け容れられなかった。ヒマラヤの八千メートル峰遠征のパイオニアでもあり、最後は、標高世界第八位のナンガ・

パルバット（８１２６ｍ）に登攀中消息を絶った。

オラス＝ベネディクト・ド＝ソシュール（Horace Bénédict de SAUSSURE, 1740–1799）スイスの自然科学者。アルプスで自然観察や調査を行っていたが、モンブラン麓のシャモニに赴いたおり、モンブランに登りたいとの夢を抱く。その初登頂については本文を読まれたい。ジュネーブの貴族階級に属し学者の家系で、言語学者として有名なフェルディナン・ド＝ソシュールは曾孫にあたる。『アルプス紀行』は、七回にわたるアルプス旅行と、モンブラン登頂などの山行の記録を収めたもの。

ジャック・バルマ（Jacques BALMAT, 1762–1834）フランスのシャモニ近くの集落ペルランで生まれる。農業のかたわら水晶採りをしていた。次項のパカールとともに、モンブランの初登頂者として登山史に名を残している。その後、モンブランに客を案内するようになり、山岳ガイドの第一号といわれる。

ミシェル＝ガブリエル・パカール（Michel-Gabriel PACCARD, 1757–1827）シャモニ生まれの医者。自然科学の素養も深く、前出のソシュールとも親交があった。

松岡正剛（まつおか・せいごう　１９４４年京都生まれ）編集者、日本文化研究者。

「高い山・深い山」

小泉武栄（こいずみ・たけえい　1948年長野生まれ）地理学者。山の自然を研究、特に高山の地形、地質、自然環境が主要テーマ。

安成哲三（やすなり・てつぞう　1947年山口生まれ）気象学者。アンデス、ヒマラヤの調査・研究に従事、さらに、アジアモンスーンの国際共同研究を推進している。

小疇尚（こあぜ・たかし　1935年兵庫生まれ）自然地理学者、明治大学名誉教授。山岳地形の研究にたずさわり、特に氷河に関心を寄せる。南極観測隊にも参加した経験をもつ。

谷川稔（たにがわ・みのる　1946年京都生まれ）歴史学者。フランス近代史が専門。

深田久弥（ふかだ・きゅうや　1903-1971）石川生まれの作家。小説を書くいっぽう、生涯山を愛し、山をテーマとする文章を多数発表しており、山の文学者としての評判が高い。その代表作といえる『日本百名山』（読売文学賞受賞）は、いわゆる百名山ブームを生むほど、今なお人気を集めている。登山中の茅ヶ岳で脳卒中のため急逝。元日本山岳会副会長。

今西錦司（いまにし・きんじ　１９０２–１９９２）京都生まれ。生態学者、日本の霊長類研究の礎を築く。京都大学名誉教授。学生時代から登山を好み、生涯を通じて国内外の多くの山に登った。日本最初のヒマラヤ八千メートル峰マナスル遠征（１９５２）でも、踏査隊長をつとめるなど大きな役割を果たした。元日本山岳会会長。

斉藤一男（さいとう・かずお）元日本山岳協会会長、元日本山岳文化学会会長。山岳文化の研究者。

新田次郎（にった・じろう　１９１２–１９８０）長野生まれ、小説家。気象庁の気象官として富士山観測所勤務などを経験。かたわら小説を執筆、『強力伝』で直木賞受賞。１９６６年退職後文筆に専念、山岳小説、歴史小説の分野で活躍した。

ヴァルテル・ボナッティ（Walter BONATTI, 1930–2011）イタリアの登山家。自己流で登山を始め、一九歳でグランドジョラス北壁登頂、さらに二一歳ではグラン・カピュサン東壁初登頂をするなど目覚ましい快挙を成し遂げる。その後も、ドリュ南西柱状岩稜（ボナッティ・ピラー）単独初登頂をはじめとするかずかずの困難なアルプスの登攀を成功させ、戦後登山界最強のクライマーといわれた。ヒマラヤでも、K２およびガッシャーブルムⅣ峰遠征のイタリア隊に参加。しかし、K２では、いわれのない誹謗をうけたことで、以後ずっとイタリア登山界との軋轢に苦しんだ。

ガストン・レビュファ（Gaston REBUFFAT, 1921–1985）フランスの登山家、高山ガイド。マルセイユで生まれ、海岸のカランクでクライミングをおぼえる。シャモニ・ガイド組合所属のガイドとなり、多くの人々をアルプスの世界に案内した。自身も初登頂を含む多くの登攀の実績をもち、世界最初のヒマラヤ八千メートル峰アンナプルナ遠征（1950）のフランス隊メンバーにも選ばれた。また、芸術的表現にもすぐれ、詩情あふれる著書や映画をとおして、アルプスと山の素晴らしさを世に伝えた。それらの著作の多くが、彼の山のパートナーであった近藤等氏（二八五頁参照）によって翻訳されている。

「滑るのが好き・転ぶのが好き」

ヴァルテル・ボナッティ（二七八頁参照）

辻まこと（つじ・まこと　1913–1975）ダダイストの辻潤と、関東大震災の時、官憲に虐殺された女性解放運動家の伊藤野枝を両親に、福岡で生まれる。グラフィックデザイナーとして多くの作品を発表、独特の風刺にみちたイラストや画文で知られる。

山とスキーを好み、山岳雑誌の『アルプ』『岳人』『山と渓谷』などに寄稿した。

串田孫一（くしだ・まごいち　1915-2005）東京生まれ。詩、小説、哲学、絵画、エッセイなど、その旺盛な著作活動は多岐にわたる。少年時代から山登りをはじめ、山岳文学の作品も多い。

江本悠滋（えもと・ゆうじ　1976年愛知生まれ）フランス国家資格をもつ高山ガイド。岩から氷、スキーまで、登山のオールラウンドな領域ですぐれた能力を発揮し、ガイドとしても、またクライマーとしても高い評価を受けている。

藤木九三（ふじき・くぞう　1887-1970）京都生まれ、登山家。ジャーナリストをつとめながら登山活動をつづけ、日本におけるロッククライミングの先駆者で、日本初のロッククライミングの山岳会であるRCCの創設者。元日本山岳会顧問。

田口二郎（二七四頁参照）

槇有恒（まき・ありつね［「ゆうこう」と読むことが多い］　1894-1989）宮城生まれ、登山家。慶応大学在学中に慶応義塾山岳会を結成。卒業後外遊、スイス滞在中の1921年にアイガー東山稜（ミッテルレギ山稜）を初登頂する。1925年にはカナダのマウント・アルバータ初登頂。ヨーロッパのアルピニズムを日本に伝えるとともに、

1956年第三次マナスル登山隊長として初登頂を成功させるなど、生涯をつうじで日本の登山界に貢献し大きな足跡を残した。日本山岳会会長、日本山岳協会会長を歴任。1923年の冬、次項の板倉勝宣と三田幸夫とともに行った積雪期立山登山で、友人の板倉が遭難死するという事故を経験。槇の記念碑的な著作『山行』(改造社、1923。梓版、岡書院、1948)には、アイガーをはじめとする山行記録とならんで、この遭難についても哀惜を込めて記されている。

板倉勝宣(いたくら・かつのぶ　1897–1923)東京生まれ。子爵の家柄で、学習院中等科の頃から登山とスキーを始め、北海道大学進学後は、北海道の山々を縦横に登った。前項にあるように、25歳の若さで遭難死した。『山と雪の日記』は、槇ら友人たちによって刊行された遺稿集。

アンセルム・ボー(Anselme BAUD、1948年生まれ)フランスの登山家、高山ガイド、山岳スキーヤー。アルプスの大岩壁をフィールドに極限のスキーに挑戦、60度を超える急斜面を滑り降りる〝エキストリーム・スキー〟のパイオニアとして知られる。レビュファ監修の「特選一〇〇コース」シリーズに収められた『北部アルプスのスキー』(*Les Alpes du Nord à Ski*)など、山岳スキー関係の著書がある。

エドワード・ウインパー（Edward WHYMPER, 1840–1911）イギリスの登山家。挿絵画家であったが、挿絵の仕事で訪れたアルプスの魅力に惹かれ登山を始める。マッターホルンの初登頂者として登山史に名を残しているが、その際、下降中に滑落事故が発生、同行のガイドら四人が死亡するという悲劇が起きた。『アルプス登攀記』には、マッターホルン初登頂を競い合う当時のアルピニストたちのドラマが、ウインパー自身による挿絵とともに描かれている。

ミシェル・クロ（Michel CROZ, 1830–1865）アルピニズム黄金期に活躍したフランスのガイド。当時もっとも優秀と謳われたガイドの一人で、登山史上著名なアルピニストたちを客にもち、彼らをガイドして多くの初登頂を含む登攀を敢行した。前記ウインパーに同行したマッターホルンで、初登頂には成功したものの遭難死する。

小島烏水（こじま・うすい　1873–1948）香川生まれ、本名、久太。登山家、随筆家。銀行員のかたわら、明治の探検期の日本アルプスを開拓し、槍ヶ岳を始め、いくつもの頂きをきわめた。後出のウェストンとの交遊から日本山岳会の設立を実現、その後初代会長となる。版画の研究でも知られる。

上條嘉門次（かみじょう・かもんじ　1847―1917）信州安曇村生まれ、日本アルプス開拓期の山案内人。上高地の明神池わきの小屋に住まい、猟や釣りをしながら、外国人、日本人の登山者を案内した。その小屋は、現在も嘉門次小屋として子孫の手でまもられている。

宇治長次郎（うじ・ちょうじろう　1872―1945）越中富山の大山村生まれ、日本アルプス開拓期の山案内人。立山、黒部を中心に活躍し、ガイドとしての非凡な能力に対して、登山者たちから強い信頼が寄せられた。測量官柴崎芳太郎が、未踏と考えられていた劒岳に測量のための登頂を企てた際、その測量隊を案内して頂上に導いたとされる。新田次郎の小説『劒岳〈点の記〉』は、これを題材にした作品。

小林喜作（こばやし・きさく　1875―1923）信州穂高牧生まれ、日本アルプス黎明期の山案内人。北アルプスの大天井岳から東鎌尾根をたどって槍ヶ岳へぬける縦走路「喜作新道」を独力で切り拓いたことで知られる。

清水長吉（しみず・ちょうきち　1859―不明）山梨芦安村の生まれ、南アルプス開拓期の山案内人。本文で取り上げた、1902年のウェストン（次項）による北岳登頂の際、案内人をつとめた。

ウォルター・ウェストン（Walter WESTON, 1861–1940）イギリスのイングランド国教会の聖職者、登山家、英国山岳会会員。１８８８年、宣教のため来日。これ以降、１９１５年までのあいだ二回の帰国をはさんで、通算一五年間日本に滞在する。槍ヶ岳や北岳など、それまでほとんど登られることのなかった「日本アルプス」の多くの山に登り、日本における近代登山の先駆者的な存在。日本山岳会設立にも大きく貢献し、名誉会員に推挙。ゆかりの上高地に記念レリーフがある。帰国後は、著書や英国山岳会の報告などをとおして、日本アルプスの素晴らしさをヨーロッパの登山者たちに伝えた。

柴崎芳太郎（しばさき・よしたろう　１８７６–１９３８）山形生まれ。軍人を志したが、その後陸軍参謀本部陸地測量部の測量官をつとめた。１９０７年、未踏峰とされてきた劔岳に登頂、その山頂で錫杖の頭と鉄剣を発見した。小説『劔岳〈点の記〉』の主人公。なお、柴崎は、その後も引き続き、本土のみならず台湾、満州、千島などの各地で測量に従事した。

田口次郎（二七四頁参照）

ニコラ・ジュディシ（Nicolas GIUDICI, １９４９年生まれ）フランスのジャーナリスト。

アルピニズムの歴史を、文明史的な観点からとらえ直そうとしている。

今井通子（いまい・みちこ　1942年東京生まれ）医師、登山家。女性として世界で初めて三大北壁（マッターホルン・アイガー・グランドジョラス）を完登。その後も、ヒマラヤほか世界の高峰登頂をはたす。

近藤等（こんどう・ひとし　1921年京都生まれ）早稲田大学名誉教授、同大学元山岳部長・監督。ヨーロッパ・アルプスに造詣が深く、120余峰に登頂。山岳書の翻訳でも知られ、レビュファ（二七九頁参照）、フリゾン＝ロッシュ（二九五頁参照）らと交遊があった。フランスよりレジオン・ドヌール勲章授与、フランス・シャモニ市名誉市民、日本山岳会名誉会員。

本多勝一（ほんだ・かついち　信州伊那谷の出身）生年は、自身により1931・32・33年の三通りがある。ジャーナリスト。京都大学山岳部、続いて探検部に所属、この時期よりヒマラヤ登山に関心を示す。登山を「パイオニア＝ワーク（創造的な登山）」と捉え、その立場から登山界に向けて多くの発言をした。

ジャック・バルマ（二七六頁参照）

アルバート・スミス（Albert Richard SMITH, 1816–1860）イギリスの作家。ヴィクトリア朝時代のイギリスで大衆的な人気をほこったといわれており、多くの小説や演劇作品を発表、週刊風刺漫画雑誌『パンチ』にも投稿した。本文で紹介したモンブランのショウは六年間にわたり六千回も上演、ヴィクトリア女王も観たとされる。

ガストン・レビュファ（二七九頁参照）

「バーチャル人間・生身の人間」

西垣通（にしがき・とおる　1948年東京生まれ）情報工学の研究者。ITとIT化社会の問題についてのユニークな研究で知られる。父親が俳人であった影響もあるだろうが、文学・芸術に対する鋭い感性をもち、人間の心の探究にせまる研究・執筆活動を展開している。

マルコ・プレゼリ（Marko PREZELJ，1965年生まれ）スロベニアの登山家。人工的な手段にたよらない純粋なスタイルによって困難な登山の課題に挑戦し、新たなアルピニズムの可能性を探る。現在、世界でもっとも注目されているアルパインクライマーのひとり。

坂下直枝（さかした・なおえ　１９４７年生まれ）登山家。ヒマラヤ、パタゴニアなどの世界の高峰に登頂。現代のアルピニズムが陥っている状況に切り込みながら、その将来にむけて積極的な提案をおこなっている。

柏瀬祐之（かしわせ・ゆうじ　１９４３年栃木生まれ）登山家。登山をテーマに、斬新な視点から考察した評論、エッセイを発表している。

ルネ・デメゾン（René DESMAISON, 1930–2007）フランスの登山家、山岳ガイド。パリで生まれ、郊外のフォンテンブローの森でクライミングをおぼえる。１９６０年代、当時としては最高難度のクライミングに数多く成功。アルプスの冬期登攀、ヒマラヤ遠征など、めざましい登攀を成し遂げ、フランス最強のアルピニストといわれた。

イヴ・バリュ（Yves BALLU, １９４３年生まれ）フランスの登山家、登山史の研究者。もともとは技術者で、光のスペクトル研究の分野での業績をもつ。

「楽しみますか・苦しみますか」

田中澄江（たなか・すみえ　１９０８–２０００）東京生まれ、作家。脚本家でもあり、映画、テレビのシナリオなども多く手がけた。山を愛し、山に関する随筆を多く書いた。

串田孫一（二八〇頁参照）

辻まこと（二七九頁参照）

井上靖（いのうえ・やすし　１９０７–１９９１）北海道生まれ、小説家。芥川賞作家として人気を集め、現代小説、歴史もの、中国を題材にした小説など、多くの作品を発表、戦後作家を代表する一人。『氷壁』は、１９５５年に穂高連峰前穂高岳東壁登攀中に起きたナイロンザイル切断による遭難事故から構想をえた作品で、映画やテレビドラマにもなった。当時、切れるはずのないナイロンザイルが、果たして本当に切れたのかということで、登山界全体を巻き込む大問題となった。

ジャン＝ジャック・ルソー（Jean-Jacques ROUSSEAU, 1712–1778）啓蒙思想家。スイスのジュネーブで時計職人の子どもとして生まれたが、のちフランスに移り、ディドローやダランベールら百科全書派の思想家たちと交わる。絶対王政期のヨーロッパ社会を批判する作品を発表。特に『社会契約論』は、人民主権の考え方を提唱したことで、フランス革命の思想的原動力になったといわれる。

田口二郎（二七四頁参照）

ヘルマン・フォン・バルト（Hermann von BARTH, 1845–1876）ドイツの登山家。バイエルン地方の貴族の家に生まれ、科学者でもあった。北部石灰岩アルプスを対象に多くの初登頂を単独で敢行し、ガイドレス・単独（ソロ）登攀の先駆者として知られる。ポルトガル政府により地質学調査のためアンゴラに派遣され、その地で没。主著に『北部石灰岩アルプス』がある。

ギド・ラマー（Eugen Guido LAMMER, 1862–1945）オーストリア・ウイーン生まれの登山家。東部アルプスを中心に、〝ガイドレス〟のスタイルで多くのピークに登頂した。『若々しき泉』（*Jungborn*, 1922）は、彼の山行を語りながら、登山が魂の病に対する倫理的な治療薬であり、しかも毒性を含んだものであるという考え方を披瀝している。そこでは、危険に身をさらすことこそが、魂を清めることになるとされる。こうした独特な考え方はゲルマン的民族精神の表現の一つとも考えられ、当時のドイツ、オーストリアの若い登山家たちに大きな影響を与えた。

アルトゥール・ショーペンハウアー（Arthur SCHOPENHAUER, 1788–1860）ドイツの哲学者。われわれの生きる世界を意志的なものと捉え、その根底には、生存に対する盲目的な意志があるため、この世界は、可能な世界のうちで最悪の、苦にみたされた世界であるとした（〝ペシミズム〟と呼ばれる）。この苦をまぬがれるには、芸術と倫理の二つの道があるのみで、そこから自己否定的な禁欲主義を説いた。次項のニーチェに、大きな影響を与えた。

フリードリッヒ・ニーチェ（Friedlich Wilhelm NIETZSCHE, 1844–1900）ドイツの哲学者。キリスト教によって支配されたヨーロッパ世界の価値観を批判し、「永劫回帰」と「超人」の概念によってそれを乗り超え、新たな価値の創造をめざす「生の哲学」を説いた。二〇世紀の思想に多大な影響を及ぼし、現在も、ポストモダンの視点から取り上げられることが多い。音楽家のワーグナーとは親交があったが、次第に批判的になってついに訣別。最後は発狂した。

リヒャルト・ワーグナー（Wilhelm Richard WAGNER, 1813–1883）ドイツの音楽家。ドイツ・ロマン派を代表する作曲家で、特に「タンホイザー」「ワルキューレ」「ニーベルングの指輪」などの壮大なオペラ作品で知られる。

「ガイドレス・ガイドブックレス」

ガストン・レビュファ（二七九頁参照）

西丸震哉（にしまる・しんや　1923年東京生まれ）食生態学者。探検的な登山を実践し、ニューギニア、アラスカなどに遠征。音楽や絵画も手がけ、ユニークなエッセイを発表している。

チャールズ・ハドソン（Charles HUDSON, 1828–1865）一九世紀のアルピニズム黄金期を代表するイギリスの登山家、イギリス国教会牧師。〝ガイドレス登山〟や〝冬期登山〟の先駆者として知られる。前出（二八二頁参照）のウインパーらとマッターホルンの初登頂に成功したが、下山の途中で滑落死した。

エドワード＝シャーリー・ケネディ（Edward Shirley KENNEDY, 1817–1898）イギリスの登山家。英国山岳会の創立メンバーで、創立時（1857）は副会長、続いて第二代会長となった。前項のハドソンとともに〝ガイドレス登山〟の草分け的存在で、『意志のあるところに道はある』の共著者。

ガストン・レビュファ（二七九頁参照）

エドワード・ウインパー（二八二頁参照）

本多勝一（二八五頁参照）

レスリー・スティーブン（二七四頁参照）

アルフレッド・ママリー（二七五頁参照）

セラ兄弟（SELLA. Alessandro/Alfonso/Corradino/Gaudenzio）ともにイタリアの登山家。

ダン・デュ・ジェアン（「巨人の歯」の意味。4013m）は、グランドジョラス南西側のロッシュフォール針峰から始まり、フランス・イタリアの国境沿いに延びるロッシュフォール山稜のはじに聳える岩峰。一九世紀後半、当時の登山界が、より困難なルートからの登攀に挑戦していたなかで、最強のクライマーと見なされていたママリー（二七五頁参照）をして「フェアなやり方では絶対に登れない」と言わしめた。ところが、1882年、セラ兄弟らのパーティーは、これに対して、ロープや鉄の杭などを岩の斜面上に設置することで登頂を果たした。しかし、このような人工的な補助手段によってルートに加工を加えることが「フェア」であるのか、その是非が問題となり、登山の「フェアなルールとは何か?」が問いかけられるきっかけになった。現在、ダン・デュ・ジェアンの一般ルートはもっとも人気のあるルートになっているが、そこには、あいかわらず固定ロープが付けられている。

ギド・レイ（Guido REY, 1861–1935）イタリアの登山家、作家。トリノで生まれ、幼い頃からアルプスと親しみながら育った。二〇世紀前半を代表するアルピニストの一人で、ドロミテの岩峰などで「アクロバット的」なクライミングを実践した。しかし、アルピニズムとは単に頂上を征服するだけのものではなく、山の「魂」に触れることこそが大切だとして、芸術性豊かな表現でアルプスとそこでのクライミングを描いた。

エミール・ガイヤール（Emile GAILLARD）フランスの軍人。作家でもあり、アルプスに関する著作や翻訳がある。アルプス地方の古地図の収集家。フランス・アルプスを擁するサヴォア地方の文化の研究・紹介に力を注ぎ、1941年から刊行された「雑誌サヴォア」（*Revue de Savoie*）の編集を担当した。

ジョージ・マロリー（George Herbert Leigh MALLORY, 1886–1924）イギリスの登山家。1920年代、イギリスは国の威信をかけて、世界最高峰エベレストの初登頂に挑んでいたが、その三次にわたる遠征隊すべてに参加した結果、頂上を目指す姿を最後に消息を絶った。当時、遺体が発見されなかったことから、遭難の様子と、はたして頂上にまでたどり着いたのかがずっと謎として残った。遺体は1995年に発見されたが、登頂に関しては、不成功だったとする見方が有力とはいえ、成功説も否定しきれない。「山がそこにあるから」（原文："Because it is there."）という形で知られているマロリーの言葉だが、一般には、1923年、第二次遠征帰国後の記者会見で、記者からの質問に対する答えとして発言されたものだとされている。本多勝一氏は『山を考える』でその解釈を試みた。

イヴ・バリュ（二八七頁参照）

小山田大（こやまだ・だい　1976年鹿児島生まれ）フリークライミングのプロ・クライマー。世界でもっとも困難なクライミングに次々と挑戦、成功する。現在、日本のみならず世界を代表するトップ・クライマーとしての評価を受けている。

ロジェ・フリゾン＝ロッシュ（Roger FRISON-ROCHE, 1906–1999）フランスの登山家、作家。パリで生まれたが、一七歳の時からシャモニに住み、アルプスの山を登るようになる。1930年、シャモニ・ガイド組合加入を許可される。シャモニ出身者以外で、組合所属ガイドとなった初めてのケースであった。フランス山岳文学の代表的作家で、ジャーナリストとして新聞や雑誌に記事を書きはじめ、次第に小説も手がけるようになった。また、モンブラン頂上からラジオによる初の中継レポートを成功させたりした。『ザイルのトップ』は、最初、第二次大戦のさなか、記者としてアルジェリア滞在中に新聞連載小説のために書いたもの。各国語に訳され、映画化もされたヒット作。

フランソワ・パランドル／キャレン・パランドル（PALLANDRE. François/Karen）フランソワはフランスの登山家、山岳ガイド、フランス国立スキー登山学校（ENSA）の教官。ロッククライミングに強く、アルプスで新しいクライミングのルートを開拓している。夫人のキャレンもクライマーで、スキーヤー。

ギド・レイ（二九二頁参照）

「女だてらに・男だてらに」

ヴァルテル・ボナッティ（二七八頁参照）

坂倉登喜子（さかくら・ときこ　1910–2008）東京生まれ、登山家。日本の女性登山の草分け的存在の一人で、1955年、初めての女性だけの山岳会エーデルワイスクラブを創立した。『スウィス日記』（1930）によってスイスとアルプスの魅力を伝えた辻村伊助の本を読んでエーデルワイスのことを知り、そのアルプスの名花に憧れて、山岳会の名前にしたという。日本山岳会名誉会員。

梅野淑子（うめの・としこ　1930年生まれ）日本山岳会会員。『日本女性登山史』の共著者。

役小角（えんのおづぬ　伝634–706）役行者（えんのぎょうじゃ）とも呼ばれ、飛鳥から奈良時代にかけて実在した修験道の開祖。その生涯は伝説的な部分が多い。文武天皇により伊豆に流されたが、夜になると天を飛んで富士山に行き修行したといった逸話が、日本各地に伝えられている。

野口幽香（のぐち・ゆか　１８６６-１９５０）姫路生まれ、社会事業家、教育者。幼い頃からキリスト教の影響を受けクリスチャンとなる。生涯を幼児教育に捧げたが、登山を愛し、日本山岳会会員。

小島烏水（二八二頁参照）

ハリー・パークス（Harry Smith PARKS, 1828–1885）イギリスの外交官。幕末期の１８６５年、駐日全権公使として来日、１８８３年まで滞在した。倒幕運動や明治政府樹立を支持し、日本の近代化の推進に影響力を及ぼした。

高山辰（たかやま・たつ）『日本女性登山史』によれば、辰は「男も及ばぬ弁慶縞の角袖はんてん姿で、前髪をとり、中ずりし男装して登った」とあり、登頂を記した三志の書が、現存する高山家に保存されているという。また、高山家は、キリシタン大名として有名な高山右近の直系にあたるとされている。

小谷三志（こだに［「こたに」とも］・さんし　１７６６-１８４１）武蔵国に生まれ、富士講の改革を試み不二道の開祖となる。男女平等思想をもち、社会事業の面でも活動した。

マリー・パラディ（Marie PARADIS, 1779–1839）シャモニ近くのサン・ジェルヴェの生まれ。モンブランの初女性登頂者として知られ、シャモニの街には彼女の名を冠した《プロムナード・マリー・パラディ通り》がある。

アレクサンドル・デュマ（Alexandre DUMAS, 1802–1870）フランスの小説家。当時は、まだ物珍しかったアルプスの景観を見るために、ヴィクトル・ユーゴーをはじめ、よく芸術家や作家たちがシャモニを訪れており、デュマも１８３２年の夏に、スイスからシャモニに旅行した。シャモニでは、アルプスの「不思議な」光景に強い印象を受け、また、ガイド業をいとなんでいたバルマ（二七六頁参照）にも会って話を聞くなどの取材を行い、『スイス旅行の印象』（*Impressions de voyage en Suisse*, 1834）を出版した。この本は、多くの人に読まれ、アルプスの存在を広く世に知らしめることに寄与したという。

ジャック・バルマ（二七六頁参照）

ミシェル・パカール（二七六頁参照）

コレット・コニエ（Colette COSNIER）19世紀を中心とした女性史を研究、女性の登山もテーマにしている。ダンジュヴィル（次項）のほかに、音楽家ショパンとの恋愛で知られる作家ジョルジュ・サンドについての著作もある。サンドは男装し葉巻を口にくわえた姿で、音楽家のリストらと共にシャモニのホテルに現れ、周囲に異彩をはなったという。

アンリエット・ダンジュヴィル（Henriette D'ANGEVILLE, 1794–1871）フランスの貴族の生まれ。女性で二番目のモンブラン登頂者だが、ほんとうの意味で女性アルピニストと呼んでよい存在で、生涯をとおしてアルプスの高峰に登りつづけた。

オランプ・ド＝グージュ（Marie-Olympe de Gouges, 1748–1793. 本名は Marie GOUZE）フランスの文学者、政治活動家。フランス南西部モントーバンの商人の家に生まれ、成人してパリにのぼり文芸サロンに出入りするようになる。劇作家として作品を発表、その中で、黒人奴隷の解放をテーマに取り上げる。また、女性の権利保護のためにも闘ったが、そうした行動が、革命政府とのあいだに確執を生じた。

テロワーニュ・ド＝メリクール（Anne-Josèphe Théroigne de Méricourt, 1762–1817）現在はベルギーのメリクール村で農家の娘に生まれる。ロンドンに渡り娼婦となった。その後、パリに出て有力なパトロンを得、社交界に登場するようになる。帯剣し、ギリシア神話の女戦士アマゾンになぞらえた装束をまとった彼女の主宰するサロンには、カミーユ・デムーラン、ダントン、ミラボー、ブリソーのような著名な革命家たちが出入りした。みずからも革命運動に加わり、バスティーユの襲撃にも参加したといわれる。マリー・アントワネット暗殺の陰謀に加担したとの嫌疑によりオーストリアの官憲に捕えられ、その後釈放されたが、これが革命戦士としての名声を高め、ジャコバン党員に迎えられる。精力的に活動し、女性も武装する権利があるとして女性軍団を組織しようと試みた。しかし、ジロンド派と通じているとの非難を受けるようになり、ついには、ジャコバン派の婦人たちによって捕えられ公衆の前で裸で鞭打たれるという事件が起きた。これがきっかけで精神に異常をきたし、やがて発狂、後半生を精神病院で送った。

「地球の資源・自然の命」

田中澄江（二八七頁参照）

ギド・レイ（二九二頁参照）

新田次郎（二七八頁参照）

「百の頂上・百の歓び」

深田久弥（二七七頁参照）

ホメロス（Homeros　紀元前8世紀頃）古代ギリシアの伝説的詩人。トロイ戦争に題材をとった二大叙事詩『イリアス』と『オデュッセイア』の作者とされるが、歴史上の実在についてははっきりしない。

プラトン（Platon, 428/427 BC–348/347 BC）古代ギリシアの哲学者。アテーナイで生まれ、政治家を志したが、哲学者のソクラテスに出会い、師として教えを受けるようになる。師の刑死後、みずから教師となって、学園アカデメイアを設立、ソクラテスにならった「対話」による教育法を実践した。アリストテレスはその生徒。ソクラテス自身は著作を残さなかったが、プラトンが、ソクラテスを主人公とする「対話篇」を著し、その中で、実際にソクラテスがその仲間たちと行った議論の様子を描き出すことをとおして師の教えを伝えた。20世紀の哲学者ホワイトヘッドは、西洋哲学の歴史とはプラトンに対する注釈の集積にすぎないと述べているが、哲学におけるプラトンの意義はそれほど絶大である。

ウェルギリウス（Publius Vergilius Maro, 70 BC–19 BC）古代ローマの詩人。代表作『アエネイス』は、トロイの王子アエネアスがトロイ戦争の戦火を逃れてイタリアにたどり着き、この地にローマの町を建設するまでの遍歴を語る、ローマの国民的叙事詩である。ホメロスの『イリアス』『オデュッセイア』に範をとったこの作品は、ラテン文学の最高傑作に数えられている。

ダンテ（Dante Alighieri, 1265–1321）イタリアの詩人。フィレンツェに生まれたが、市の政治にかかわって党派的な対立から町を追われる。流浪の生活の中で詩作をはじめ、傑作『神曲』を完成した。この作品では、著者自身が詩人ウェルギリウスに案内されて「地獄」「煉獄」「天国」をめぐりながら、死後の世界と罪の裁きをうけた人間の運命を目撃する。「煉獄」で永遠の恋人ベアトリーチェに再会し、彼女の導きで「天国」へと昇っていく次第が描かれる。当時の共通語であったラテン語ではなく、トスカーナ地方のイタリア語方言で書かれている点で、ルネッサンスの到来を予見させる。

セルヴァンテス（Miguel de Cervantes Saavedra, 1547–1616）スペインの作家。軍人となって、歴史上有名なレパントの海戦に参戦したが負傷。その後さまざまな職を転々とする。負債のため投獄された獄中で『ドン・キホーテ』の着想を得たという。この諧謔と批判精神に富んだ作品は、スペイン文学の傑作として現代にいたるまで読み継がれ、2002年にノーベル研究所が発表した「史上最高の文学ベスト100」では1位にランクされた。

シェイクスピア（William SHAKESPEARE, 1564–1616）イギリスの劇作家、詩人。ストラトフォード・アポン・エイヴォンで生まれ、ロンドンに進出、役者および脚本家として評判をとる。1600年代初頭には、四大悲劇と呼ばれる『ハムレット』『マクベス』『オセロ』『リア王』が書かれた。世界を代表する作家の一人であるが、その生涯については記録が少なく、肖像を含めてわからないことが多く残されている。

アインシュタイン（Albert EINSTEIN, 1879–1955）ドイツの理論物理学者。相対性理論を発表したことで知られ、二〇世紀最大の物理学者ともいわれる。1921年、ノーベル物理学賞を受賞。

カフカ（Franz KAFKA, 1883–1924）プラハ（当時はドイツ・オーストリア帝国、現在はチェコ）で生まれた、ドイツ語の小説家。保険会社に勤めるかたわら小説を発表。二〇世紀の社会に現れた、非人間的な組織の中で個人が疎外されていく〝不条理〟な状況を鋭く描き出し、いわれのない仕打ちに翻弄される人間の不安と孤独をテーマにした『変身』『審判』など、その特異な作風の作品は高い評価を受けている。

ガストン・レビュファ（二七九頁参照）

樋口忠彦（ひぐち・ただひこ　1944年埼玉生まれ）自然や都市の景観をテーマに、建築工学、芸術、文化、思想など、幅広い視点から研究を行っている。

谷文晁（たに・ぶんちょう　1763-1841）江戸生まれの画家。江戸後期の南画の代表的存在で、渡辺崋山ら多くの弟子を擁した。旅を好み、ほぼ日本全国をめぐり歩き、その途中、山や川など自然の景観を写生した。『日本名山図会』は、文晁による名山の図を集めた木版画集だが、初版は、1805年に『名山圖譜』のタイトルで、88図からなる三巻本として発行された。その後、1807年の重版の際2図が追加され、改題されたのは1812年のことである。まさに、江戸期の百名山の趣があるが、当時も大評判をとったという。

橘南谿（たちばな・なんけい　1753-1805）伊勢生まれの医者。京都で医学を修め、のちに朝廷の医官になった。刑死人の遺体で人体解剖も行ったという。医者としての見聞を広めることを目的に各地を旅したが、その時の記録を集めて出版したものが『西遊記』『東遊記』（1795年）。

大室幹雄（おおむろ・みきお　1937年東京生まれ）歴史人類学者。中国文化研究を基礎に、近代日本における風景の精神史を精密な資料の解読により研究。『ふくろうと蝸牛 柳田国男の響きあう風景』（筑摩書房、2004年）により芸術選奨受賞。

取り上げた本のリスト（五十音順）

『アルピニスト』　イヴ・バリュ（*Les Alpinistes*, Yves BALLU, Arthaud, 1984）

『アルピニストの手記』　小島烏水（書物展望社、１９３６年。『小島烏水全集』第十巻、大修館書店、１９８０年）

『アルピニスト列伝』　アンリ・ド＝セゴーニュ（*Les Alpinistes célèbres*, Henry de SEGOGNE, Ed. Mazenod, 1956）

『アルピニズモ・アクロバチコ』　ギド・レイ（河合亨訳、朋文堂、１９５６年。近藤等訳、講談社文庫、１９７９年。*Alpinismo acrobatico*, Guido REY, 1914）

『アルプス紀行』　オラス＝ベネディクト・ド＝ソシュール（『世界山岳全集』〔朋文堂、１９６１年〕の中に、近藤等氏による抄訳がある。*Voyages dans les Alpes*, Horace-Bénédict de SAUSSURE, 1779–1796）

『アルプス・コーカサス登攀記』　アルバート＝フレデリック・ママリー（石一郎訳、エーデルワイス叢書、朋文堂、１９５５年。海津正彦氏による新訳、東京新聞出版部、２００７年。*My Climbs in the Alps and Caucasus*, Albert F. MUMMERY, 1895）

『アルプス登攀記』　エドワード・ウインパー（浦松佐美太郎訳、岩波文庫、１９３６年。*Scrambles amongst the Alps*, Edward WHYMPER, 1871）

『アルプスの谷　アルプスの村』　新田次郎（新潮社、１９６４年。のちに新潮文庫）

「アルプスの山と人」　本多勝一（『山を考える』所収、朝日文庫、１９８６年）

『アンリエット・ダンジュヴィル　—モンブランの姫君—』　コレット・コニエ（*Henriette d'Angeville La Dame du Mont-Blanc*, Colette COSNIER, Ed. Guérin, 2006）

『意志のあるところに道はある——ガイドレスによる新ルートからのモンブラン登頂』　チャールズ・ハドソン、エドワード＝シャーリー・ケネディ（*Where there's a Will there's a Way: An Ascent of Mont Blanc by a New Route and without Guides*, Charles HUDSON & Edward Shirley KENNEDY, 1856）

『花鳥風月の科学』　松岡正剛（淡交社、１９９４年。のちに中公文庫）

『上高地・乗鞍・槍・穂高』（ブルーガイドブックス、実業之日本社）

『極東の遊歩場』　ウォルター・ウェストン（岡村精一訳、山と渓谷社、１９７０年。水野勉訳［タイトルは『日本アルプス再訪』］、平凡社、１９９６年。*The Playground of the Far East*, Walter WESTON, 1918）

ウェストンの著書として、ほかに、『日本アルプス──登山と探検』がある。（岡村精一訳、梓書房、1933年。山崎安治・青木枝朗共訳、あかね書房、1937年。黒岩健訳、大江出版社、1957年。*Mountaineering and Exploration in the Japanese Alps*, 1896）

『月瀬幻影《げつらいげんえい》』大室幹雄（中央公論新社、2002年）

『国民国家とナショナリズム』谷川稔（世界史ブックレット、山川出版社、1999年）

『ザイルのトップ』ロジェ・フリゾン＝ロッシュ（近藤等訳、白水社、1956年。*Premier de Cordée*, Roger FRISON-ROCHE, 1942）

『山水巡礼』荻原井泉水（淡海堂出版部、1930年）

『新エロイーズ』ジャン＝ジャック・ルソー（岩波文庫版ほか、各種翻訳がある。*Julie ou la Nouvelle Héloïse*, Jean-Jacques ROUSSEAU, 1761）

『スカートをはいたクライマーたち　女性登山史序説』今井雄二（蝸牛社、１９７９年）
『素手の山』　ルネ・デメゾン（近藤等訳、集英社、１９７２年。*La Montagne à Mains nues*, René DESMAISON, 1971）
「『創造的な登山《パイオニア＝ワーク》』とは何か」　本田勝一（『山を考える』所収、朝日文庫、１９８６年）
『続・辻まことの世界』　辻まこと（矢内原伊作編、みすず書房、１９７６年）
『劒岳〈点の記〉』　新田次郎（文藝春秋、１９７７年。のちに文春文庫。２００９年に映画化）
『東西登山史考』　田口二郎（同時代ライブラリー、岩波書店、１９９５年）
『東遊記』　橘南谿（寛政七年。同年に『西遊記』が先に刊行。『東西遊記１』『東西遊記

2』として東洋文庫にて翻刻、平凡社、1974年）
『西丸震哉の日本百山』西丸震哉（実業之日本社、1998年）
『日本山名事典』（三省堂、2004年）
『日本女性登山史』坂倉登喜子・梅野淑子（大月書店、1992年）
『日本の景観』樋口忠彦（春秋社、1981年。のちに、ちくま学芸文庫）
『日本の山岳標高一覧』（建設省国土地理院、1991年）
『日本の名山を考える』斉藤一男（アテネ書房、2001年）
『日本百名山』深田久弥（新潮社、1964年。のちに新潮文庫。そのほか多くの新装版

が出ている）

『花の百名山』　田中澄江（文藝春秋、１９８０年。のちに文春文庫）

『日本名山図会』　谷文晁（初版は『名山圖譜』、文化二年。復刻版、大修館書店、１９７８年。『日本名山圖會』と改題、文化九年。復刻版、国書刊行会、１９７０年）

『常陸風土記』（吉野裕訳、平凡社ライブラリー、平凡社、２０００年）

『ヒト、山に登る』　柏瀬祐之（白水社、１９９１年）

『氷壁』井上靖（１９５６年～１９５７年、朝日新聞に連載。１９５７年、新潮社から単行本刊行、その後文庫本）

「婦人の登山」　小島烏水（『女子文壇』第三巻第十一號所収、１９０７年。『小島烏水全

集』第三巻、大修館書店、１９８４年）

『星と嵐』ガストン・レビュファ（白水社、１９５５年。のちに新潮文庫、集英社文庫。改訂版、山と渓谷社、２０００年。*Etoiles et Tempêtes*, Gaston REBUFFAT, 1954）

『星にのばされたザイル』ガストン・レビュファ（近藤等訳、山と渓谷社、１９７６年。*Les Horizons gagnés*, Gaston REBUFFAT, 1975）

「メディアの森――『鉄人』が作る仮想現実」西垣通（『朝日新聞』夕刊１９９８／１／24掲載）

『モン・ブラン山群　特選一〇〇コース』ガストン・レビュファ（近藤等訳、山と渓谷社、１９９４年。*Le Massif du Mont Blanc : Les 100 plus belles courses*, Gaston REBUFFAT, 1973）

『モンブラン征服』　イヴ・バリュ（*A la Conquête du Mont-Blanc*, Yves BALLU, Gallimard, 1986）

『モンブランの哲学』　ニコラ・ジュディシ（*La Philosophie du MONT BLANC*, Nicolas GIUDICI, Grasset, 2000）

『山歩き山暮し』　西丸震哉（中央公論社、１９７４年。のちに中公文庫）

『山こそ我が世界』　ガストン・レビュファ（近藤等訳、山と渓谷社、１９９５年。*La Montagne est mon Domaine*, Gaston REBUFFAT, 1994）

『山と雪の日記』　板倉勝宣（梓書房、１９３０年。のちに中公文庫）

『山の世界』　梅棹忠夫・山本紀夫編（岩波書店、２００４年）

『山のパンセ』　串田孫一（実業之日本社、1957年。のちに岩波文庫）

「山は死んだ」　本多勝一（『山を考える』所収、朝日文庫、1986年）

「鎗ヶ嶽探険記」　小島烏水（『山水無尽蔵』所収、隆文館、1906年。初出は、1903年、雑誌『文庫』に九回にわたって連載。『小島烏水全集』第四巻、大修館書店、1980年）

『雪・岩・アルプス』　藤木九三（梓書房、1930年。のちに中公文庫）

『ヨーロッパ・アルプス』（ブルーガイド・ワールド、実業之日本社）

『ヨーロッパのプレイグラウンド』　レスリー・スティーブン（*The Playground of Europe*, Leslie STEPHEN, 1871）

『若き日の山』串田孫一（河出書房、1955年）
『わが生涯の山々』ヴァルテル・ボナッティ（飯田年穂・近藤等共訳、山と渓谷社、2003年。*Montagne di una Vita*, Walter BONATTI, 1996）
『私の北壁』今井通子（朝日新聞社、1968年）

飯田　年穂（いいだ・としほ）

1948年、東京生まれ。国際基督教大学教養学部卒、東京大学大学院博士課程単位取得（比較文化専攻）。現在、明治大学教授。フランスを中心とする西欧の近代文化・思想を研究、特に、自然と人間の関係が主要テーマ。91年以来毎シーズン、ヨーロッパ・アルプスを訪れ多くのルートを登攀。アルピニズムの視点から近代の自然観を問い直す。著書に『問いかける山』、訳書にF・ジェイムスン『弁証法的思想の冒険』（共訳）、P・ヴィレー『モンテーニュの〈エセー〉』、W・ボナッティ『わが生涯の山々』（共訳）などがある。フランス政府より教育功労賞。日本山岳会会員。

語りかける山

著者　飯田年穂
ブックデザイン　小泉　弘
二〇一一年一一月一日　初版発行
発行者　井田洋二
発行所　株式会社　**駿河台出版社**
101-0062　東京都千代田区神田駿河台三丁目七番地
電話〇三（三二九一）一六七六　振替〇〇一九〇–三–五六六六九番
ISBN978-4-411-04013-8　C0095　¥2300E